차라리
꿈꾸지 마라

차라리 꿈꾸지 마라

초판 1쇄 발행　　2014년 2월 10일
초판 3쇄 발행　　2016년 5월 10일
지 은 이　　　　공기택
펴 낸 이　　　　류한경
펴 낸 곳　　　　한스북스

출판등록　　　2011년 11월 15일 제301-2011-205호
주　　　소　　(100-250) 서울시 중구 퇴계로 32길 24, 301(예장동, 예장빌딩)
전　　　화　　02) 3273-1247

ISBN　978-89-967692-3-1 03190

가 치 있 는
꿈 을 위 한
행복 프로젝트

꿈 차라리
꾸지 마라

The Value
driven life

공기택 지음

한스북스

꿈

삶

어떻게 살 것인가? ··· 148

말

가치가 이끌어가는 삶

자존감을 잃어가는 사람들

꿈이 뭐냐고 묻는 선생님에게 대부분의 아이들은 '없어요', '몰라요'라고 성의 없이 무덤덤한 얼굴로 말합니다. 아이들의 무성의함에 화가 나지만 애써 참으며 다시 물어봅니다. 그러나 아이들은 여전히 '우주정복이요', '지구정복이요'라고 놀리듯이 대꾸합니다. 물론 자신의 꿈을 자신 있게 이야기하는 아이들도 많이 있습니다. 그런데 꿈을 자신 있게 말하는 대다수의 아이들도 꿈에서 '돈'이라는 단어를 지우지 못합니다. 자신의 꿈이 돈을 많이 버는 것이라고 직설적으로 말하는 아이가 있는가 하면, 돈을 많이 벌수 있는 직업을 말하기도 합니다. 많은 아이들이 언제부터인가 한두 번쯤 TV 프로그램이나 위인전을 통해서 보았던 누구나 부러워할 만한 직업을 자신의 꿈으로 정하고는 누군가가 물어보면 자랑스럽게 말합니다. 과연 이 아이들은 정말 자신의 꿈을 가지고 있는 것일까요?

꿈이 없는 아이들, 혹은 꿈을 말하는 아이들도 진정한 꿈보다는 꿈이라고 학습된 욕심이 그들 마음에 가득합니다. 욕심으로 세운 꿈이나 목표들은 오히려 사람들을 힘들게 하고 심지어 인간 존재의 소중함을 잃게 합니다. 욕심이 많은 아이들은 자신의 욕심을 다 채우기까지는 자신의 가치와 존재의 소중함을 깨닫지 못합니다. 욕심으로 가득 찬 부모들도 마찬가지입니다. 자신의 욕심 때문에 아이의 존재를 인정하지 못합니다. 부모는 아이에게 욕심 채우는 법을 가르치려 훈계하며 설득하고 그것이 못마땅한 아이들은 부모에게 반항하며 서로를 향한 적대감만 드러냅니다. 그렇게 부모와 아이들은 결코 채워질 수 없는 욕심으로 서로에게 고통을 주며 살아갑니다. 부모와 자녀가 서로의 존재를 인정하지 못하고 함께 자존감을 잃어갑니다.

자존감을 잃게 되면 사람들은 행복할 수 없습니다. 사람은 누구나 자신의 존재를 인정받기 위해 표현하고 행동합니다. 때로는 표현이 부정적일 수도 있고, 공격적일 수도 있으며, 또는 긍정적이고 수용적일 수도 있습니다. 이것은 모두 자신의 존재를 알리려는 의도에서 나타나는 태도입니다. 자신의 표현이나 행동이 인정을 받으면 자존감이 생기지만, 거절당하면 자존감이 아닌 자존심이 발동을 합니다. 자존심만 강한 사람들은 다른 사람을 인정하지 못하며, 혼자만의 세계에 고립됩니다. 고립에서 벗어나기 위해 어떤 사람들은 폭군이 되기도 하고, 어떤 사람들은 게으름뱅이가 되어 노력하지 않습니다.

이 책은 꿈이 아니라 욕심을 가지고 살아가며, 그 욕심 때문에 자존감을 잃고 방황하며 불행하게 살아가는 사람들에게 제 나름 대로 꿈을 꾸는 방법을 알려 주려는 마음에서 쓴 것입니다.

성공을 말하는 사람들

이 시대의 많은 사람들은 입만 열면 성공을 이야기합니다. 성공을 위해 일을 하고 성공을 위해 사람을 만나고 성공을 위해 교육합니다. 사람들이 나누는 대부분의 이야기 주제도 성공입니다. 성공이라는 주제는 매우 매력적입니다. 성공에는 돈과 명성과 권력이 같이 등장하기 때문에 사람들을 유혹하기에 충분합니다. 그 이유로 성공했다고 인정받는 사람들이 TV와 신문과 잡지를 도배하고, 성공한 이야기가 책으로 출간되어 많은 사람들의 입에 회자됩니다. 성공한 사람들의 이야기를 듣고 본 사람들의 가슴은 부러움으로 가득해서 그들로 하여금 또 다른 성공을 꿈꾸게 합니다. 성공은 마치 전염병처럼 이 시대를 돌고 있습니다. 이제 온 세상이 부러움과 욕심 때문에 성공에 대한 열병을 앓기 시작했습니다.

스티븐 코비의 『성공하는 사람들의 7가지 습관』은 성공의 지침서가 되어 많은 사람들의 사랑을 받았고, 사람들의 필독서가 되었습니다. 수많은 사람들이 이 책을 탐독하고 강의를 들으며 코비의 말을 따라 성공하기 위해 자신의 습관을 바꾸고 시간을 관리합니다. 성공을 위해 목표를 세우고, 성공을 위해 사람들과 관계를 맺으며 끊임없이 자신을 쇄신하기 위해 노력합니다. 그러나 이 책을 지침서로 삼은 모든 사람들이 성공한 것은 아닙니다.

성공을 향한 열망은 교육계 뿐아니라 종교계에도 엄청난 영향을 미치고 있습니다. 미국 새들백교회의 릭 워렌 목사가 지은『목적이 이끄는 삶』The Purpose Driven Life은 한국교회를 경영하는 목사들과 성공을 열망하는 많은 그리스도인들에게 부흥의 지침서가 되었습니다. 40일간 공부하는 이 과정은 한국의 기독교계를 강타하면서 이 책이 성공 지침서로 베스트셀러의 반열에 올랐을 정도입니다. 그러나 이 책을 읽고 공부한 모든 교회와 그리스도인들이 모두 성공한 것은 아닙니다.

저는 한국사회의 교육계와 종교계에서 열풍처럼 번져가는 성공에 대한 이런 현상을 보면서 고민에 빠졌습니다. 많은 사람이 저마다의 성공을 계획하며『성공하는 사람들의 7가지 습관』을 읽고 실천했을 것이고, 자신만의 부흥을 꿈꾸며『목적이 이끄는 삶』을 공부하고 훈련했겠지만 그 모든 사람들이 성공할 수는 없었을 것입니다. 그것은 책에 문제가 있는 것도 그것을 계획했던 사람들에게 있는 것도 아닙니다. 그 이유는 그들이 원하는 성공이라는 것이 대부분 성공 뒤에 따라오는 부와 명예와 권력에 목적을 두고 있기 때문입니다. 하지만 부와 명예와 권력은 모든 사람에게 골고루 나누어지지 못하기 때문에 누군가 차지하게 되면 다른 대부분의 사람들을 그것을 얻지 못합니다. 결국 소수만이 부와 명예와 권력을 차지하면서 성공했다고 말합니다.

성공한다는 것은 목적을 달성하는 것입니다. 이 때문에 부와 명예와 권력을 얻지 못한 많은 사람들은 목적을 달성하지 못하였으니 성공하지 못한 것이 됩니다. 성공이 목적인 사람들이 목표에 도달하지 못했을 때 어떤 일이 벌어질까요? 목표에 도달하지 못했다는 것은 곧 좌절을 말하는 것입니다. 목표를 이루지 못하고 좌절한 사람은 오히려 꿈을 꾸지 않았을 때보다 더 심한 열등감과 자괴감에 빠지게 될 것입니다. 어쩌면 성공을 조장하는 이 사회에서 많은 사람들은 성공이라는 가면을 쓰고 살아가면서 성공하지 못할 것이라는 불안한 상상으로 실망과 허탈 속에 좌절하고 있을지도 모릅니다.

교사로 인생의 절반을 살아온 저는 아이들을 통해서 세상을 읽는 것이 습관이고 삶이 되었습니다. 아이들과 부대끼며 살아온 시간들로 인생의 반을 보낸 제가 아이들을 통해 세상을 읽어내는 것은 너무 당연한 일이기에 아이들 이야기를 하지 않을 수가 없습니다. 저는 인문계 여자고등학교에서 교편을 잡고 있기에 여고생들을 많이 만났습니다. 웃음도 많고 꿈도 많고 할 말도 많은 아이들이지만, 눈물도 많고 걱정도 많고 그래서 침묵하기도 하는 아이들입니다. 저는 또한 전국에서 영재들을 만나 리더십 교육을 하기도 합니다. 아이들을 만나 꿈을 이야기하고, 영웅을 이야기하고, 가치를 이야기합니다. 때로는 그 아이들의 부모님들과 선생님들을 만나서 많은 생각들을 나누기도 합니다. 그 과정을 통해 아이들과 부모님과 선생님들 모두 성공이라는 주제 때문에 고통 받고 있음을 알았습니다. 학교 교육의 목적은 대학진학으로 귀결되고, 대학진학은 곧 인생의 성공과 직결된다는 그들만의 패러다임이 모두를 괴롭히고 있었습니다. 밝은 미래를 꿈꾸면서 행복하게 자신을 키워야 할 교육현장에서 아이들은 목표 때문에 실망과 좌절로 고통스러워합니다. 그 아이들을 채찍질해 가야 하는 교사들과 부모들 역시 고통의 나날입니다. 지나친 성공 교육을 위한 행진과 목적을 향한 열정이 오히려 모든 사람들을 고통 속으로 몰아가고 있습니다.

저는 기본적으로 꿈이 이끄는 교육을 하고 싶습니다. 아이들에게 꿈을 찾게 하는 것은 매우 중요한 일입니다. 하지만 목적이 이끌어가는 교육은 반대합니다. 목표를 세우고 방향을 정하고 그 방향을 향해 돌진하는 삶이 무조건 옳다는 생각에 반대합니다. 성과

주의와 목적지향주의에 반대하며, 목적이 이끌어가는 삶을 정당화시키는 경쟁교육에 반대합니다. 목적이 이끌어가는 삶이 절대 진리인 것처럼 살아가는 생활방식에 반대합니다. 목적을 이룬 사람을 성공자라 이야기하며 성과위주의 평가와 기준을 만드는 일에 반대합니다. 모든 사람들에게 동의도 구하지 않고 세워진 성과주의 잣대로 사람들의 등급을 매기는 무한 상대평가에 반대합니다. 목표를 세우고 목표를 향해 끝없이 내달리고 목표를 이루어야 성공하고 행복해질 것이라는 상투적인 주장에 반대합니다.

어느 날 지하철 역사를 지나다가 시인 고은 님의 짧은 시 한 구절에 충격을 받고 멈춰 서서 한참을 움직이지 못한 적이 있습니다.

"내려갈 때 보았네. 올라갈 때 보지 못한 그 꽃."

짧지만 강렬하게 다가온 그 시구를 잊을 수가 없습니다. 어딘가를 급히 오를 때 우리는 주변을 보지 못합니다. 그저 우리가 이루어야 할 목표만 보이고 목적만이 떠오르기에 주변의 아름다움과 주위의 아픔과 자신의 마음을 볼 수가 없습니다. 사람에게 목표가 주어지면 그 목표 이외의 것들에 대해서는 관심을 거두게 됩니다. 그래서 정작 우리가 함께해야 할 것들을 잃게 되고 행복은 미래로, 미래로 자꾸 미루게 됩니다. 미래에 얻게 될 행복은 현재의 우리를 행복하게 할 수 없기에 우리는 날마다 고통 속에서 허우적거리게 됩니다. 저는 현재의 고통을 합리화하는 목적지향의 삶에 반대합니다. 고통을 받아야 미래에 성공한다는 거짓에 반대합니다.

경쟁교육 속에서는 우리는 누군가가 만들어 놓은 잣대로 부여된 등급을 가지고 살아가야 합니다. 어떤 사람은 그 등급에 순응하며 살아가고, 어떤 사람은 그 등급을 벗어나기 위해 발버둥치며 살아갑니다. 너무나 많은 사람들이 누군가 만들어 놓은 최고라는 등급을 차지하기 위해 정말 소중한 것들을 잃으며 경쟁 속으로 치열하게 뛰어드는 불나방같은 삶을 살아가고 있습니다. 경쟁에 내몰린 사람들은 경쟁에서 이기든 지든 행복과는 멀어진 삶을 살게됩니다. 경쟁에서 이긴 사람은 또 다른 경쟁을 준비해야 하는 무한 경쟁시스템으로 들어가게 됩니다. 경쟁에서 진 사람은 영원히 패배의식에서 벗어나지 못하며 좌절된 삶을 살아가게 됩니다. 이처럼 무한경쟁의 불행 속으로 사람을 밀어 넣는 것이 바로 성공이라는 이름으로 주어진 목적 중심의 삶입니다.

행복한 가치를 말하는 부모

이제는 성공이 아니라 행복에 기준을 두고 살아가야 한다는 생각입니다. 아리스토텔레스는 "행복이란 인생의 끝날까지 삶의 목적이요. 의미이다."라고 말했습니다. 인간행위의 궁극은 최고선에 이르는 것이며, 최고선은 곧 행복이라는 것입니다. 사실 사람들이 성공을 말하지만 성공 그 자체로는 목적이 될 수 없습니다. 누구나 바라는 그 성공도 결국은 행복을 위한 전제조건일 뿐입니다. 부자가 되기 위한 사람들의 소원도 사실은 부자가 목적이 아니라 행복을 전제로 하는 목적인 것입니다. 이 세상을 살아가는 누구라도 인생의 궁극적인 목표는 행복한 삶일 것입니다. 우리나라 헌법에서도 '행복추구권'을 보장하고 있듯이 행복은 모든 사람들의 권리입니다. 많은 사람들이 행복해지길 원합니다. 그러다보니 행복에 대해 서술하거나 행복한 방법을 알려 주는 행복에 관한 책들이 우리 주변에 즐비합니다. 한때 행복한 부자가 되는 비결을 들려주는 혼다 켄의 『부자가 되려면 부자에게 점심을 사라』가 베스트셀러 목록에 올랐습니다. 드라마의 제목도 각 도시마다 내건 슬로건도 행복을 빼고는 이야기할 수 없으며, 아이들이 날마다 고통스러워하며 등하교하는 학교와 학원 문 앞에도 행복이라는 단어는 빠지지 않고 등장합니다. 사람들은 누구나 행복한 삶을 최고선으로 생각합니다. 그래서 행복한 삶을 위해 노력합니다.

행복이 무엇인지는 행복을 말하는 사람의 입만큼 많고 다양하기에 이 책에서는 어떤 삶이 행복한 삶인지에 대해 깊은 이야기는 하지 않겠습니다. 행복의 조건이 돈이라고 말하지도 않겠지만 돈이 행복과 관련 없다고 말하지도 않겠습니다.

그러나 행복은 목적이 될 수 없다는 것을 말하고 싶습니다. 행복한 미래를 위해 현재는 고통스럽게 살아도 된다는 통설에 반대하고 싶습니다. 지금 이 순간이 행복하고 그런 행복한 순간들이 연속되어야 인생이 행복해지는 것이라고 말하고 싶습니다. 혼다 켄은 자신의 책에서 "부를 쌓고도 불행한 부자가 너무 많다. 진정한 부자는 자신도 행복하고 다른 사람도 행복하게 할 수 있어야 한다."고 말합니다. 부자인 그가 부를 이루었다고 해서 행복해지는 것이 아니라고 했으니 행복은 미래에 성취되는 것이 아니라는 말입니다. 진정한 부자는 다른 사람도 함께 행복할 수 있어야 한다는 말은 관계의 소중함을 말하는 것입니다. 살아가는 일상 속에 만나는 사람들과 행복한 관계가 행복한 삶이 되는 것입니다. 그러니까 이 말은 행복은 과정이지 목적은 아니라는 말입니다. 그리스어로 '행복'eudaimonia은 '만족한', '성취한', 그리고 '활발히 활동하는 삶'을 뜻한다고 합니다. 행복은 현재의 삶에 있어야 하는 것입니다. 천병희 교수는 아리스토텔레스의 『니코마코스 윤리학』을 펴내면서 아리스토텔레스가 말하는 행복은 그 자체가 목적이어야 하며 인생 전체에 걸친 활동이어야 한다는 점을 강조하고 있습니다.

"제비 한 마리가 날아온다고 하루아침에 봄이 오지 않듯, 사람도 하루아침에 또는 단기간에 행복해지는 것은 아니기 때문이다."

아리스토텔레스가 말하는 행복한 삶은 인생 전체에 걸친 지속 가능한 삶의 특질, 곧 행복은 그 자체로 일생에 걸친 활동이라고 합니다. 행복은 결과로 얻어지는 목적이 아니라 수행하는 과정 속에서 이루어져야 합니다. 지금 행복하지 못하면 앞으로도 행복은 찾아올 수가 없다는 말입니다.

당신은 지금 행복합니까? 아직도 경쟁의 현장에서 아득한 목표를 세우고 꿈을 꾸고 있다면 당신은 행복할 수 없습니다. 목적이 이끌어가는 삶은 그 끝이 없기 때문입니다. 당신이 아무리 큰 부와 명예를 쥐고 있어도 아무리 명성이 높아도 당신은 그 경쟁 세계에서 최고가 아니기에 또 다른 경쟁을 위해 행복할 틈이 없을 것입니다. 언젠가 쟁취할 행복을 위해 고통스러운 경주를 계속해야 할 것입니다.

지금 이 책을 쓰고 있는 저는 행복합니다. 저는 말하고 글쓰는 일을 참 좋아합니다. 저는 이 책을 쓰면서 책이 얼마나 팔릴 것인지를 고민하지 않습니다. 이 책이 팔리는 시점은 지금 쓰고 있는 시점보다 미래의 일입니다. 제가 지금 미래에 이 책의 인기도를 걱정하고 글을 쓴다면 저는 지금 고통의 시간을 보내고 있을 겁니다. 그런데 저는 지금 제가 좋아하는 생각을 글로 펼쳐내고 있기에 정말 행복합니다. 물론 글을 쓰기 위해 앉아있는 시간이 힘이 듭니다. 허리도 아프고 눈도 침침합니다. 육체는 힘들지만 마음은 기쁨으로 가득합니다. 제가 좋아하는 일을 하고 있기 때문입니다. 지금 당신이 행복하다면 지금 하고 있는 일이 당신에게 잘 맞는 일이기 때문일 것입니다. 지금 당신이 즐거워하는 일을 하고 있기 때문에 조금은 힘에 겹더라도 당신은 행복할 수 있는 것입니다.

저는 행복한 삶을 위해서 꿈을 꾸기 이전에 먼저 자신에 대해 알아야 한다고 생각합니다. '꿈을 꾸지 마라'는 말은 저의 진심이 아닙니다. 사람은 누구나 인생을 잘 살기 위해 꿈을 꿔야 합니다. 아이들도 어른들도 꿈이 있어야 합니다. 그러나 꿈을 꾸기 전에 자신을 발견하는 일이 더 중요하다고 생각합니다. 좀 늦더라도 자신에 대해 알기 이전에는 꿈을 꾸지 않았으면 좋겠습니다. 꿈꾸기 전에 먼저 자신의 가치가 무엇인지를 발견하는 과정을 거칠 필요가 있습니다. 시간이 더 걸릴 수도 있지만 자신의 가치를 발견할 때 올바른 꿈을 가질 수 있습니다. 올바른 꿈을 가진 아이들이 행복하게 자신의 꿈을 이루어갈 수 있습니다. 자신을 바로 알고 자신의 고유한 가치를 발견한 아이들이 자존감이 높습니다. 자존감은 자신의 존재를 인정받고 있을 때 생겨나는 감정입니다. 자존감을 가진 아이들이 그렇지 못한 아이들보다 더 행복합니다. 자존감을 가진 아이들이 더 성공할 확률이 높습니다.

그래서 이 책은 아이들보다 부모들이 먼저 꿈을 가져야 한다고 말할 것입니다. 왜냐하면 자신의 진정한 꿈을 발견한 부모들이 역시 자존감이 높기 때문입니다. 그리고 자존감이 높은 부모여야 자녀들의 존재를 인정하고 자존감을 키워줄 수 있기 때문입니다. 자신을 인정하지 못하는 부모는 자녀를 인정할 수 없습니다. 이 시대의 부모들은 가치보다는 목적 중심의 꿈을 가지고 살아왔습니다. 피라미드의 경쟁구도 속에서 꼭대기로 올라가야만 성공이 가능한 무한경쟁의 시대를 사느라 자신의 가치를 생각할 여유도 없이 앞만 보며 쉬지 않고 달려왔습니다. 그런데 경쟁은 끝이 없고 성공은 이루지 못했으며, 자신이 무엇을 하고 있는지도 모른 채 가치관의 혼란을 겪고 있을 수도 있습니다. 그런데 100세 시대가 다가오면서 앞으로 살아갈 날도 만만치 않게 남아 있습니다. 아이들에게 집중하느라 노후도 준비하지 못했습니다. 그래서 우리는 절망합니다. 그리고 그 절망감으로 인해 자존감마저 잃어버린 부모들은 아이들을 더 가혹하게 몰아붙일 수 있습니다. 그렇게 몰아붙이면 아이들은 꿈을 가질 수가 없습니다. 결국은 꿈을 갖지 못한 부모들이 아이들마저 꿈을 꾸지 못하게 만드는 것입니다.

성공은 목적을 이루는 것이 아니라, 자신의 가치를 실현하는 것이라고 말하는 부모들이 되었으면 좋겠습니다. 그래서 아이의 가치를 발견하고, 그 가치를 실현하는 삶이 성공인 것을 가르치는 부모들이면 좋겠습니다. 성공은 부자가 되고 유명해 지고 높아지는 것이 아니라, 자신만의 가치를 발견하고 그 가치를 실현해 나가는 행복한 과정이라고 말해 줄 수 있는 부모들을 위해 이 책이 사용되면 좋겠습니다. 부자가 되고 높아지고 유명한 사람이 되는 것은 행복한 삶 뒤에 따라오는 것임을 밝혀두고 싶습니다.

자녀의 행복을 꿈꾸는 부모에게

이 책은 '앎', '꿈', '삶', '말'의 4장으로 이루어져 있습니다. 이 네 개의 주제들을 순서대로 읽어가면서 자신의 꿈을 점검할 수 있도록 했습니다. 정말 꿈을 갖고 싶은 청소년, 자녀들을 행복으로 이끌고 싶은 부모, 또는 불안한 자신의 삶을 점검하고 지금 다시 삶을 다시 조율하고 싶은 기성세대에게 드리고 싶습니다.

20여 년 넘게 교사로 살아온 제 인생을 다시 돌아보며 전환점을 만들었던 이야기부터 행복을 자신 있게 말하는 현재까지 저의 삶의 이야기들을 서투른 실력이지만 함께 나누고자 썼습니다. 지금부터 7년 전, 저의 삶은 하는 일이 재미없고 비교의식과 열등감으로 가득했었습니다. 사회에 불만을 토로하며 불안한 미래를 바라보며 지냈었습니다. 그런데 저의 가치를 발견한 이후부터 저의 삶은 매우 달라졌습니다. 하는 일이 재미있고 자신감으로 가득 차고 행복한 미래에 대해 이야기하는 사람이 되었습니다. 1장 '앎'에서는 인생을 막 시작하거나, 다시 시작하기 전 꼭 알아야 할 것들, 가치 있는 것들이 무엇인지를 생각할 수 있을 것입니다. 2장 '꿈'에서는 욕심이 아니라 진정한 가치를 이루는 꿈을 어떻게 세워야하는지에 대한 이야기입니다. 3장 '삶'에서는 균형과 조화를 이루는 멋지고 행복한 삶에 대한 이야기입니다. 4장 '말'에서는 어떤 말이 사람들에게 자존감을 높일 수 있으며, 자원을 주는 말과 장애를 주는 말에 대해 이야기합니다. 자원을 가진 아이들은 자존감이 높아 긍정적인 행동을 하고 창의력이 커지는 반면 장애를 가진 아이들은 열등감 때문에 행동을 멈추거나 공격적인 행동을 하며 고집스러워지면서 창의성을 잃어가게 됩니다. 아이에게 장애를 주거나 자원을 주는 것은 부모의 말에서 비롯되는 것이기에 어떤 말을 가지고 아이를 가르칠 것인가는 매우 중요합니다.

어린아이를 가진 부모라면 아이와 함께 이 책을 읽어가면서 부모와 자녀가 함께 꿈을 만들어가는 과정이 되길 바랍니다. 아이의 장점을 발견해 주고 아이의 장점에 기반을 둔 꿈을 만들고 그 꿈을 실현시키기 위한 균형 있는 삶을 만들어가면 좋겠습니다. 아이가 이미 장성해 있다면 당신 자신만을 위한 꿈을 다시 만들어가길 바랍니다. 지금까지 발견하지 못했던 당신의 장점을 발견할 수 있을 것입니다. 미래에 이루겠다고 다짐했던 당신의 황홀한 꿈을 다시 찾을 수도 있습니다. 급하게 살아오느라 미처 챙기지 못한 진정한 당신을 만나서 앞으로 남은 50여 년을 '두 번째 삶'second career 으로 만들어가는 여행을 떠나셔도 좋겠습니다.

이 책은 교사로 살아온 제가 꿈을 만들어간 과정을 소개하면서 아이들과 함께했던 고민들을 수필처럼 쓴 것입니다. 어려운 이야기가 아닙니다. 함께 고민하고 미소를 지을 수 있는 이야기들입니다. 차근차근 읽으면서 저의 질문에 대답하다 보면 자연스럽게 당신만의 새로운 꿈을 만들 수 있을 것입니다. 또 당신이 느낀 이야기를 아이들과 함께 이야기하다 보면 아이들도 멋진 꿈을 갖게 될 것입니다.

이 책을 읽고 동감하신다면 저와 함께 '꿈과 가치를 지지하는 교육'에 동참해 주시기 바랍니다. 저는 이 책의 출간과 더불어 '꿈과 가치를 지지하는 교육'꿈.가.지 운동을 펼칠 것입니다. 목적이 이끌어가는 교육을 극복하고, 가치가 이끌어가는 교육을 이 땅에 실천하고 싶습니다.

2014년 2월

공기택

이 시대는 정말,
재미를 찾아 의미를 버리고
목적을 위해 가치를 버리며

미래를 좇아 현재를 망치고
홍보를 위해 진실을 숨기며

결과를 위해 기준을 버리고
욕망을 위해 사랑을 놓치며

자신을 위해 대의를 버리고
물질을 위해 정신줄을 놓는
시대 같아!

무엇을 알아야 할까?

아이들은 학교에서 재미없이 움직입니다. 어른들은 일터에서 의미가 없이 살아갑니다. 학교에서 아이들은 아이들대로, 일터에서 어른들은 어른들대로 흥미 없는 일을 합니다. 행복한 삶을 살고 싶다고 말하면서도 재미없고 의미 없고 흥미 없는 일을 하며 사람들은 너무나 바쁘게 살아갑니다. 그 이유는 무언가 미래의 결과를 얻기 위함 때문입니다. 미래에 성공하고, 그 성공을 기반으로 행복한 삶을 기대하며 현재를 열심히 혹사하며 살아갑니다.

어른이나 아이나 사람들은 모두 왜 재미없는 삶을 열심히 사는 척하고 바쁜 척하며 힘들게 살아가고 있을까요? 톨스토이가 말한 것처럼 원래 인생이란 것이 고통스러운 것이기에 그런 것일까요? 고통스러운 인생이라는 것은 없습니다. 인생은 매우 신선하고 재미있는 삶의 연속입니다. 그럼에도 인생이 고통스럽게 느껴지는 이유는 인생이 고해여서가 아니라 자신에게 맞지 않는 삶을 살고 있기 때문입니다. 자신의 자리가 아닌 곳에 자리를 펴고 앉아있기 때문에 힘들고 괴롭습니다.

자기가 좋아서 선택한 길을 가야 하는데, 현대사회를 살아가는 많은 사람들은 그렇게 살지 못합니다. 성공을 위해 정해진 길로 가야 하고 자신이 좋아하는 일을 선택하기보다는 사회가 원하는 길을 선택해서 꿈을 정하고 그 꿈을 이루기 위해 현재를 인내하며 잘 짜여진 미래만을 위해 살아갑니다. 그렇기 때문에 살아가는 현재는 늘 고통인 것입니다. 자신이 원하는 미래가 아니라 사회와 통념이 제시하는 미래를 꿈꾸다 보니 미래가 구체적으로 보이지도 않습니다. 막연한 미래를 위해 현재를 살아가는 사람들은 바쁘고 재미가 없는 삶을 살아갑니다. 재미없는 현재를 살아가는 사람은 자신이 하고 있는 일을 열심히 할 수 없기 때문에 그 일에서 성공하기는 정말 힘이 듭니다.

정말 멋진 미래를 꿈꾸고 행복한 성공을 위해서는 구체적이고 분명한 꿈을 꾸어야 합니다. 그 꿈은 자신에게 맞는 자신만의 꿈이어야 합니다. 자신에게 맞는 꿈을 꾸기 위해서는 다른 사람을 바라보기 전에 자신의 모습을 볼 수 있어야 합니다. 미래를 꿈꾸기 전에 현재 상태의 자신을 정확하게 파악해야 합니다. 그리고 그 현재 상태에 알맞은 자신의 미래를 꿈꾸어야 합니다. 현재를 외면한 미래의 꿈은 구체적인 꿈을 만들 수 없기 때문입니다.

자신의 현재를 알기 위해서는 자신의 가치와 강점과 흥미와 자신이 속한 시대에 대해 알아야 합니다. 자신은 가치 있는 존재이며, 다른 사람과 비교할 수 없는 자신만의 강점이 있음을 인정하고 그것들을 찾기 위해 노력해야 합니다. 자신의 흥미가 무엇인지 알아야 합니다. 흥미 있는 일을 할 때 지속적이고 열정적인 에너지가 나오기 때문입니다. 자신이 속해 있는 시대를 바르게 알아야 합니다. 변화가 진행되는 시대의 흐름을 이해해야 그 시대에 맞는 자신을 만들 수 있습니다.

내가 가진 것

사람은 무엇을 가지고 있을 때 행복합니다. 그런데 사람들은 자기가 가지고 있는 것이 무엇인지 모르고 살아갑니다. 자신이 얼마나 값진 것들을 가지고 있는지 알아보는 시간이 필요합니다. 바쁜 삶이지만 잠시 돌아서서 자신이 가지고 있는 것은 무엇인지 자세히 살펴보고 음미해 보는 시간이 필요합니다.

구분	가지고 있는 것	
	종류	행복했던 순간
사람		
물건		
재능		
역할		
그외		

나는 누구입니까?

내가 누구인지를 잘 알면 갈 길을 알게 되고, 다른 사람과 비교하지 않으며 편안하게 됩니다. 다음의 주제에 따라 빈칸을 채워 보십시오. 가능하면 능동적인 것, 긍정적인 것들로 채우고 구체적으로 기록하도록 합니다.

긍정적 감정 찾기(핵심가치 찾기)	장점 찾기
기쁜 순간/ 행복하다고 느낄 때/ 편안하다고 느낄 때	과거의 기억 속에 잘했다고 생각하는 것/ 좋아한다고 생각하는 것

관심사 찾기	다른 사람에게 자주 듣는 칭찬
사회/ 봉사/ 종교/ 공부/ 가족/ 사람/ 동물	업무, 말투, 외모, 행동

101

내 안에서
찾았습니다

•

먼 곳에 있을 거라고 굳게 믿었습니다.

높은 곳으로 가야 한다고 생각했습니다.

빛나는 자리를 찾아 헤매고 다녔습니다.

그런데 결국

이제 돌아와 내 안에서 찾았습니다.

꿈다리 생각

봄이 되면 많은 사람들이 꽃구경을 위해 여기저기로 떠납니다. 저도 그런 멋진 곳을 찾아 떠나고 싶은 마음이 간절합니다. 진해에서 열리는 벚꽃축제 군항제도 가고 싶고, 섬진강이 흐르는 구례와 광양으로 매화꽃 가득한 꽃길을 찾아 떠나고도 싶습니다. 하지만 제철 꽃을 즐기려 몰려드는 많은 사람들을 핑계하며, 바쁜 시간을 핑계하며 떠나지도 못하고 매년 그냥 보내고 맙니다. 하지만 나는 행복을 찾아 떠나고 싶은 마음이 늘 간절합니다.

제가 매일 출근하는 동우여고에도 해마다 봄이 되면 예쁜 벚꽃길이 열립니다. 학교 오르막길 양 옆으로 30년도 더 된 벚나무들이 줄을 지어 늘어섰고 그곳에 벚꽃길이 만들어집니다. 개나리 진달래도 어우러진 참 예쁜 꽃길입니다. 아이들은 그 꽃나무를 배경 삼아 여기저기서 사진을 찍으며 맘껏 꽃구경을 합니다. 꽃을 보며 즐거워하는 아이들의 모습은 진해 군항제를 찾아간 사람들 얼굴처럼 맑고 밝아 행복해 보입니다.

사람들은 행복을 찾아 높은 곳으로 올라가야 한다고 생각합니다. 사람들은 행복을 찾아 멀리 떠나야 한다고 생각합니다. 사람들은 행복은 빛나는 곳에 있을 거라고 생각합니다. 그래서 높아지기 위해, 더 멀리 가기 위해, 더 멋진 자리를 차지하기 위해 모든 시간과 노력을 투자하며 욕심을 내어 무리하기도 합니다. 그렇지만 그 결과는 대부분 허탈하게 끝나버립니다. 왜냐하면 행복은 높은 곳에 있는 게 아니기 때문입니다. 행복은 먼 곳에 있는 것이 아니기 때문입니다. 행복은 내가 있는 곳에서도 찾을 수 있는 아주 작은 것일 수도 있습니다. 행복은 낮은 내 자리에 맴돌고 있는 하찮은 것에서도 올 수 있기 때문입니다. 행복을 찾는 그 자리가 바로 찬란하게 빛나는 자리가 되기 때문입니다.

제가 먼 곳에 가지 않고도 매일 출근하는 학교에서 벚꽃을 즐기는 행복한 아이들의 얼굴을 만나는 것처럼, 어쩌면 우리는 매일의 일상에서 나를 행복하게 하는 많은 것들을 만날 수 있을 것입니다. 먼 곳을 바라보지 않고도 날마다 만나는 것들 속에서도 행복을 찾을 수 있습니다. 우리의 눈을 돌려 주위를 살펴보십시오. 행복을 만날 수 있을 것입니다. ✿

당신은 어디에서 행복을 찾고 있습니까? 먼 곳에 가지 않아도, 높은 곳에 오르지 않아도 지금 당신은 소소한 것에서 행복을 얻을 수 있습니다. 당신의 자리에서 행복을 찾으세요. 소소한 행복은 깨닫는 순간, 당신이 있는 그곳은 밝게 빛날 겁니다. 오늘 지금 이순간에 당신을 행복하게 해 줄 그 무엇을 찾아 적어봅시다.

'행복을 위해'와 '행복하게'

행복을 위해 가진 것을 보라고 말합니다.

행복을 위해 현재에 충실하라고 말합니다.

행복을 위해 가치 있는 삶을 살라고 합니다.

그런데 사실은...

행복을 위해 살기보다는 행복하게 살아가야 합니다.

TV 힐링프로그램에 닉부이치치가 나왔습니다. 두 팔도 없고 다리도 없고 그저 몸뚱이에 발가락만 달랑두 개 달린 젊은 그 사람이 웃으면서 사람들에게 행복하게 사는법을 이야기합니다. 자신은 팔도 다리도 없는 사람이지만 팔과 다리가 있는 사람들보다 더 바쁘게 전 세계를 돌아다니며 꿈과 행복을 이야기하고 용기를 주는 일을 하면서 무척 행복하게 살고 있답니다.

　팔도 없고 다리도 없는 그 사람이 이야기합니다. 없는 것을 바라보며 한탄하기보다는 가진 것을 바라보며 감사하게 생각해야한답니다. 수많은 사람들의 손가락질을 받으며 살아온 그 사람이이야기합니다. 남의 것을 바라보며 욕심내기보다는 자신의 것을사랑하는 마음을 가져야 한답니다. 자신의 단점만 보며 괴로워하지 말고 자신의 강점을 잘 살리라고 이야기합니다. 외모를 가꾸는데 시간과 노력을 기울이기보다는 자신의 가치를 이루며 살아가라고 합니다. 그것이 정말 행복이고 우리가 기쁘게 살아갈 방법이라고 힘주어 말합니다.

구구절절 옳은 말입니다. 팔 없고 다리 없는 사람이 수영도 하고 골프도 하고, 음악도 하고 글씨도 쓰며 많은 일에 도전하는 모습을 보며 사람들은 감동을 받습니다. 그런데 정작 우리는 감동만 받고, 자신이 가진 것에 감사하지 못합니다. 들을 때는 정말 좋은 말로 듣습니다. 하지만 자신의 부족함을 찾아내어 다시 괴로워합니다. 그리고 그 마음을 달래려 또 다시 겉치레와 외모 가꾸기에 온 힘을 기울이는 모습으로 다시 회귀합니다.

훌륭하고 좋은 이야기들은 우리를 행복하게 합니다. 그래서 종종 행복한 이야기를 듣는 것은 좋은 일입니다. 그러나 정말 중요한 것은 행복한 방법을 배우기 위해 귀를 기울이며 남의 이야기를 듣는 것보다는 현재 자신이 가진 것을 발견하고 감사하며 행복해지는 것입니다. 다른 사람들의 이야기에 감동받는 것도 좋지만 지금 자신에게 감동받아야 합니다. 남의 말을 듣기보다는 자신의 것을 찾는 것에 더 집중해야 합니다.

행복을 위해 무엇을 하기보다는 지금 행복하게 살기 위해 한 가지라도 실천해야 합니다. ❀

당신 생각

당신이 가지고 있는 것은 무엇입니까? 그것을 하나하나 적어보십시오.
그리고 그것에 대해 어떤 감사의 말을 하겠습니까?
당신이 감사할 때 당신은 행복할 수 있습니다.

차라리 꿈꾸지 마라

103

예수님, 홍보 모델 되다

•

사람이 하나님을 찬양하려고 예배당을 지었습니다.

정성을 다해 더 멋지게 더 크게 교회 건물을 올립니다.

사람들은 교회 건물을 올리려고 예수님을 알립니다.

예수님은 교회를 홍보하는 홍보 모델이 되었습니다.

사람들은 홍보에 대성공한 목사님을 찬양합니다.

교회는 하나님을 사랑하는 사람들의 모임입니다. 예수님과 연합한 성도들이 교회를 이루는 것입니다. 하나님을 찬양하기 위해 교회를 짓고, 그곳에서 함께 모여 하나님께 예배하는 것입니다. 큰 교회든 작은 교회든 하나님과 예수님을 이야기하고 찬양합니다. 그것이 성경에서 말하는 사람이 해야 할 지상명령입니다.

그런데 사람들은 찬양하는 일에도 욕심이 생겼습니다. 다른 사람보다 내가 더 많이 찬양해야 하고, 다른 교회보다 내가 더 열심을 다해 섬겨야 하고, 다른 목사보다 내가 더 훌륭하게 목회를 해야 한다는 욕심이 생겼습니다. 그래서 더 많은 성도를 확보하고, 더 훌륭한 교회건물을 지어야 하나님을 잘 섬기는 것이라고 생각합니다. 그렇게 더 많이, 더 높이를 외치다 보니 사람들은 자기의 의를 드러내기 시작했고, 언제부터인가 자신이 교회의 주인이 되었습니다.

목사들과 장로들과 집사들은 교회의 경영자가 되었고, 교회 경영을 더 훌륭하게 해내기 위해 다양한 수단과 방법을 도입하더니 이제는 예수님도 예수님의 능력도 그 경영을 위한 수단의 하나가 되고 말았습니다. 이제는 하나님도 예수님도 찬양의 대상이 아니라 교회경영을 위한 홍보수단이 되고 말았습니다. 이제 인간의 욕심이 극에 달해 그 죄의 모습이 점점 가중되고 있습니다. 본질이 사라지고, 형체만 남았는데도 사람들은 그 잘못을 시인하지 않습니다. 그리고 계속해서 그 형체를 위해 답도 없는 걱정과 고민과 고생을 합니다.

꼭 교회만 그런 것은 아닙니다. 세상살이 어디에서나 본래의 가치가 사라진 곳에는 사람들의 욕심만 남습니다. 본래의 가치가 사라진 곳에는 사람들의 사심을 채우기 위한 수단만 남습니다. 욕심과 사람의 수단이 많은 곳에는 잔머리를 써야만 하는 피곤이 넘쳐납니다. 아이를 교육하는 부모들도 마찬가지입니다. 아이가 잘 자라주는 것만으로도 만족해야 하는데 어서 빨리 무언가가 되어주기를 바라는 급한 마음에 욕심이 생겨나고 만족하지 못합니다. 마음에 욕심이 자리 잡으면 만족도 없고 행복도 사라지고 맙니다. ✤

살아가면서 피곤하다는 생각을 합니까? 일을 하는데 기쁘고 즐거운 마음은 사라지고 불안과 걱정만 늘어납니까? 어쩌면 우리는 본질을 잃어버리고 있을 수도 있습니다.

당신은 어떤 일 때문에 지치고 힘들고 피곤합니까? 그 이유가 그 일에 대한 본래의 가치를 잃어버렸기 때문입니까?

104

내 아이에겐

봉사하는 삶에 박수를 보냅니다.

희생하는 삶을 무한 칭송합니다.

욕심 없는 삶에 찬사를 보냅니다.

그 길

내 아이가 걷겠다고 하면 절망합니다.

부모들은 아이들의 장래에 대해 많은 고민을 합니다. 자녀의 공부와 대학을 어떻게든 부모가 원하는 대로 하고 싶어 합니다. 저를 포함해 모든 부모들의 자녀에 대한 고민을 충분히 이해합니다. 공부를 잘해야 좋은 대학을 가고 좋은 대학을 가야 자녀들이 행복한 삶을 살 수 있을 것이라고 생각하기 때문입니다. 모든 고민은 자녀가 잘되기를 바라는 거룩한 마음에서 나오는 것입니다.

       가끔은 자녀의 공부나 대학보다 진로에 더 관심을 두시는 분도 있습니다. 아이의 꿈이 요리사랍니다. 또는 체육인이 꿈이랍니다. 그래서 자신의 욕심을 버리고 아이가 좋아하는 길을 가도록 지도하고 있다고 말합니다. 참 멋진 분이라고 생각합니다. 그런데 그렇게 마음먹고 계신 분들 중에도 많은 분들은 자녀에 대한 욕심을 버린 것이 아닙니다. 그분들이 바라는 것은 아이가 요리사가 되더라도 외국에서 유학을 마치고 최고의 호텔 쉐프가 되는 것입니다. 일반대중음식점의 주방장이 되는 일은 상상하지도 않습니다. 아이가 체육을 하더라도 최고의 팀에서 최고의 선수가 되거나 스포츠 매니지먼트를 하는 것입니다. 대부분의 부모는 만만치 않은 아이의 미래를 그리고 있습니다. 물론 자녀가 최고가 되기를 바라는 부모의 욕심에 돌을 던질 수는 없습니다.

우리가 아이들의 미래에 지대한 관심을 갖는 이유는 그들의 가치를 평가하는 기준이 돈인 사회에 살기 때문일 것입니다. 그들이 하는 일보다 그들의 벌이에 더 관심을 갖게 되니까 벌이가 많은 일을 귀하게 생각하고 그렇지 않은 일은 가치가 없다고 생각합니다. 봉사하는 삶, 희생하는 삶, 도움을 주는 삶이 더 의미 있는 삶인 것을 알지만 정작 그들은 그만큼의 벌이를 못하기에 우리는 그들의 일마저 가치 없는 일로 생각합니다. 그래서 자녀들이 그 길을 가는 것을 인정하지 못합니다. 이 사회가 올바른 가치를 찾아가도록 정말 가치 있는 일에 대해서는 그 일에 걸맞는 벌이가 따르게 해야 합니다. 그 일들이 가치 없게 느껴지는 것은 그들의 벌이가 너무 빈약하기 때문입니다.

이 사회에 정말 필요한 가치 있는 일에 적당한 대가를 지불하게 된다면 이 사회가 벌이보다는 하는 일에 더 가치를 두는 사회가 될 것입니다. ❀

당신 생각

정책자나 힘 있는 분께 질문합니다. 지금 하는 일이 마음에 듭니까? 일에 대한 대가가 마음에 듭니까? 그렇다면 다른 사람들의 마음도 헤아려야 할 것입니다. 정당한 대가가 주어져야 어려운 일도 보람 있게 할 수 있습니다. 그것이 올바른 나눔 아닐까요?

젊어 고생은 사서 해야 한다?

•

젊어 고생은 사서라도 해야 한답니다.

어린 시절 삐딱한 싸이가 잘 나갑니다.

가출 소년 김장훈이 독도로 유명합니다.

요즘 아이들은 종종 고민하며 말합니다.

자신은 고난이 없어 성공할 수 없답니다.

TV 프로그램을 보면 어린 시절 불우했고, 말썽쟁이였고, 문제아였던 친구들이 연예인으로 대성했다는 이야기가 종종 나옵니다. 어린 시절 삐딱했다던 싸이라는 가수가 말춤을 추며 전 세계로 잘 나갑니다. 불우했던 어린 시절 가출도 했던 김장훈이라는 가수는 독도와 기부 이야기로 아이들의 우상이 되었습니다. 김병만도 비도 어린 시절 매우 힘든 환경 속에서 역경을 이기며 살아왔다는 이야기를 하며 눈물바다를 만들기도 합니다.

이런 이야기를 해주면 많은 아이들이 질문을 합니다. "저도 고통스러운 과거가 있어야 하겠네요. 고통이 없으면 성공하기 어렵겠는 걸요? 말썽이라도 피우는 게 좋겠어요." 큰일입니다. 이야기의 핵심은 어려운 환경이 아니라 그 환경을 극복하기 위한 노력이었다는 것을 이해하지 못합니다. 저는 그런 아이를 만날 때마다 황급히 손을 저어 말합니다. 그 사람들이 성공하게 된 것은 불우했고, 막나갔던 어린 시절 때문이 아니라 그런 환경에서도 열심히 노력했기 때문이라고 말해 줍니다. 고난과 장애가 그 사람을 성공하게 만든 것이 아니라, 그것을 극복한 그 사람의 노력과 결단이 성공을 만들어낸 것이라고 강조합니다.

얼마 전, 어른에게서도 비슷한 이야기를 들었습니다. "차라리 생활보호대상자가 나보다 더 낫겠어. 그 사람들은 혜택이 참 많아. 때론 부럽기도 해." 오죽 답답하면 그런 이야기를 할까 싶었습니다. 사는 일이 참 빡빡합니다. 그래서 사람들은 자기 삶에도 극적인 반전이 필요하다는 생각을 할 수도 있을 것입니다. 하지만 꼭 반전이 있어야 의미 있는 삶은 아닙니다. 평탄하게 꾸준히 노력하며 사는 인생이 멋지고 보람된 인생입니다. 현재 주어진 삶을 좋아하고 그 일에 충실하게 사는 것이 더 멋진 삶입니다. 고생이 성공의 필수요소는 아닙니다.

자신을 사랑하고 자기의 삶을 사랑한다면 역경이 없이도 우리는 그런 힘을 얻을 수 있습니다. 자신의 존재를 진정 사랑하고 의미 있게 받아들일 때 세상을 살아갈 힘과 용기를 얻게 되는 것입니다. ✿

당신 생각

당신도 인생에 있어서 성공하려면 고난이 필요하다고 생각합니까?
가끔 생각 속에서 자신의 극적인 반전을 노려보기도 합니까?
그러나 현재 주어진 삶이 더 가치 있습니다. 현재 가지고 있는 것들 중에
서 당신에게 소중한 것들을 적어보십시오. 그러면 당신의 삶이 얼마나
소중한지 알게 될 것입니다.

그곳에 아이들은 없습니다

●

아이의 성공을 위해 창의성 교육이 유행입니다.

아이의 대학을 위해 수월성 교육이 한창입니다.

아이의 미래를 위해 스마트 교육이 성행입니다.

그런데 아이들은 행복하지 않습니다.

아이의 행복이 없는 교육에 아이들은 없습니다.

21세기는 무한경쟁의 시대로 창의성이
필요한 시대라고 말합니다. 학자들은 창의성이 있는 사람일수록
수월성을 성취하려는 욕구가 강하다고 말합니다. 그래서 자녀의
성공을 바라는 부모들은 자녀들의 창의성을 키우기 위해 다양한
노력하고 있습니다. 교육계에서도 21세기 국가 성장의 원동력으
로 창의성 있는 교육을 외치고 있습니다. 방학마다 교사들을 동원
한 STEAM 연수가 유행처럼 번져가고, 융합교육, 리더십 교육 등
창의성을 키우기 위한 다양한 교육이 등장하고 있습니다. 학원들
역시 창의 인성을 내걸고, 자기주도학습이라는 이름으로 학생들
과 부모를 유혹합니다. 정말이지 대한민국이 창의성으로 일을 낼
것만 같습니다. 창의성이 들어 있지 않은 교육은 교육도 아닌 것
처럼 취급됩니다.

    그런데 정말 우리나라 창의 · 인성 교육 프로그램 안에 창의성
이 있기는 합니까? 창의성이 주장 되고 있는 교실에 들어가 볼 필

요가 있습니다. 네모난 작은 교실 안에 40명이나 되는 아이들이 줄맞춰 교사들의 일방적인 수업을 듣고 있습니다. 다양한 창의성 교육은 입시와는 좀 관계가 적은 초등학교에서는 시행되고 있지만, 입시와 관련 있는 중·고등학교에서는 귀찮은 일거리가 되고 있습니다. 다양한 행사들이 창의성이라는 이름 아래 시행되고는 있지만, 네모난 교실, 네모난 교과서, 틀에 박힌 교사의 주입식 수업이 여전히 많은 부분을 차지합니다. 수업시간에 아이들은 움직일 수도, 자기 생각을 말할 수도 없습니다. 아니 그렇게 할 수 있는 시간적 여유가 없습니다.

창의성 교육은 그 안에서 아이들이 재미있고, 신나는 공부를 하는 것이며, 그 교육을 받는 아이들은 행복해야 합니다. 공부를 아이들이 좋아하는 방법으로 스스로 할 수 있도록 도와주어야 합니다. 듣기 좋게 포장된 창의성 교육으로는 아이들을 감동시킬 수가 없습니다. 아이들의 창의성을 키우기 위한 교육을 하려면 아이들이 중심이어야 합니다. 아이들의 행복이 가장 중요한 전제가 되어야 합니다.

아이들의 행복이 빠진 교육은 그 본질을 잃은 가치 없는 교육으로 전락할 수밖에 없습니다. ✿

당신 생각

우리나라의 창의성 교육에 대해 어떻게 생각합니까? 여전히 대학입시에 목숨을 건 많은 아이들이 좋아하지도 않고 재미도 없는 교육을 창의적 기법을 통해 배운다고 창의성이 커질 수 있을까요? 아이들의 진정한 창의성 교육은 아이들이 즐거워하는 일을 잘하도록 도와줄 때 가능합니다. 부모로서, 교사로서 당신은 창의성 교육을 어떻게 해야 한다고 생각합니까?

107

나만의
무엇(?)이 없다

●

인터넷이 확대되고 세상에는 연결의 시대가 왔습니다.

세상과의 연결을 위해 페이스북, 트위터에 가입하고.

세상과의 소통을 위하여 카페, 블로그를 꾸며봅니다.

그런데 문제는

막상 연결되면, 소통할 나만의 그 무엇이 없습니다.

이 시대를 정보의 시대를 지나 연결의
시대라고 합니다. 사람들은 관계를 맺고, 그 관계를 통해 영향력
을 전달할 수 있어야 21세기 사회에서 살아갈 수 있다고 합니다.
사람들은 아침에 일어나서 출근하고 퇴근하고 저녁에 잠자리에
들기까지 스마트폰을 통해 페이스북, 카카오톡, 카카오스토리를
하면서 사람들과 만납니다. 이제 손 안에 있는 연결고리를 통해
우리는 사람들과 연결하고 이야기하며 하루를 살아갑니다. 나와
연결된 친구가 또 다른 친구와 연결되고, 연결된 그 친구는 또 다
른 친구와 연결되어 서로서로 정신없이 연결된 세상에서 살아가
고 있습니다.

이제 오십이 훌쩍 넘어버린 저는 이렇듯 생소한 말들의 의미를
깨우치기도 전에 또 다시 새로운 말이 등장하여 어리둥절한 모습
을 감출 수가 없습니다. 꼭 막 상경한 시골 총각이 서울역에서 어
찌할 바를 몰라 하는 모습과 다를 바 없습니다. 그러나 아직은 제

자신을 놓을 때가 아니기에, 세상과 연결하기 위해 저는 노력합니다. 페이스북 계정을 만들고, 카카오스토리를 두들기며, 카페와 블로그를 만들어 세상과 소통하기 위해 노력합니다.

온라인 속의 연결은 오프라인으로 확대되어 또 다른 연결을 가져옵니다. 페이스북에서 만난 유명한 사람들은 다시 다양한 형태의 강연회에서 또는 토크 콘서트에서 만나면서 연결됩니다. 요즘 저의 삶뿐만 아니라 많은 사람들이 이러한 연결을 강조하고, 연결해 가면서 살아갑니다.

그렇지만 아무리 많은 온라인과 오프라인의 연결이 있을지라도 정작 중요한 것은 '나'$_{me}$입니다. '나'를 찾지 못하고 '나'의 것이 없이는 세상과 연결되어 있다 하더라도 그 연결이 쓸모가 없습니다. '나'$_{me}$는 세상 속의 '나'$_{meWe}$여야 합니다. '나'$_{meWe}$는 세상과 단절된 고집스러운 나가 아니며, 나를 없애버리고 무조건 세상만 따르는 우리가 아닌 우리 속의 나, 나를 포함한 우리여야 합니다.

저는 오늘도 세상과 연결하기 위해 연결고리를 찾아 페북도 하고 카스도 합니다. 그러면서도 여전히 나는 세상과 연결할 수 있는 '나'$_{meWe}$를 만들어가고 있습니다. ✿

당신 생각

당신은 지금 누군가와 연결되어 있습니까? 그리고 연결 고리 속에 '나'
meWe를 가지고 있습니까? '나'meWe 없이 만난 세상은 더없이 외롭습니
다. 바쁘기만 합니다. 마음만 점점 더 바빠지고 공허해질 수도 있습니다.
세상과 연결되기 위해 그리고 소통하기 위한 당신만의 '나'meWe는 무엇
이 있을까요? 적어봅시다.

욕 먹고
실격입니다

●

출발 총성과 함께 그 아이는 전력질주 했습니다.

100미터까지는 그 아이가 가장 빨리 뛰었습니다.

그러나 아이는 결승점에서 실격되었습니다.

그 아이 출전 종목 10미터 왕복 달리기였습니다.

　　　　　가끔 사람들은 상황에 맞지 않는 엉뚱
한 일을 해서 주위 사람들을 당황하게 하거나 스스로 당혹스러워
합니다. 목욕탕에서 알몸으로 찜질방입구로 돌진한다거나 수영장
에 있는 샤워장에서 샤워를 하고는 알몸으로 풀로 들어가는 황당
한 이야기는 실제로 가끔씩 벌어지는 일입니다. 영화관에서 영화
를 보다가 심하게 코골며 자는 사람. 이어폰을 귀에 꽂고 자신에
게 안 들린다고 전철 안에서 크게 노래 따라하는 사람. 참 황당하
기도 하고 재미있기도 한 일입니다. 그러나 재미로 넘겨버리기 어
려운 일도 일어납니다. 정말 중요한 인생에 있어서 상황파악을 못
해 엉뚱하게 대처하다가는 인생을 망칠 수도 있습니다.

　아이의 미래를 위해서 학원 보내고, 태권도 도장도 보내고, 좋
다는 캠프도 보내고, 돈 많이 드는 연수도 보내고, 대학을 보내는
많은 부모들을 보면서 정말 아이의 미래를 위해 그런 결정을 한
것인지 물어보고 싶을 때가 많습니다. 우리가 바라는 것은 아이의

행복한 성공인데, 우리의 욕심과 아이를 밀어붙이는 교육열이 과연 아이의 행복한 미래를 만들어낼 수 있을까요? 경기에 출전한 선수가 자신의 종목을 잊고 무조건 달려만 간다면, 그 선수는 경기에서 이길 수 없을 뿐만 아니라 웃음거리가 될 것입니다. 그런데 아이의 미래가 달린 교육을 하면서 아이가 가야 할 바른 길을 잘 알지도 못하면서 아침부터 저녁까지 학원에서 학원으로 그렇게 달리도록 하면 아이가 성공할 수 있을까요? 무조건 성적에 맞춰 어디든 좋으니 대학만 나오면 아이의 미래가 행복할 수 있을까요? 잘못하면 아이는 인생에서 실격이 되고 맙니다.

아이가 자신의 출전 종목이 무엇인지 알고 달릴 수 있도록 작전을 잘 짜야 합니다. 아이의 장점을 찾고 아이가 달려야 할 종목이 어떤 종목인지 분명히 알고, 전략을 세워야 그 경주에서 성공할 수 있습니다. 무조건 욕심을 내고, 무조건 열심을 낸다고 해서 성공할 수 있는 길이 아닙니다.

열심히 달렸는데 종목이 다르면 열심히 달린만큼 손해입니다. ✿

당신은 지금 얼마나 바쁘게 살고 있습니까? 그 바쁜 일들을 마치고 난 뒤 행복합니까? 그 일을 마치고 나면 당신은 노력한만큼 성공에 근접하게 될까요? 그렇다면 당신은 지금 즐거워야 합니다. 만약 즐겁지도 않고 행복하지도 않다면 점검이 필요합니다.

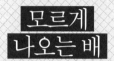

다이어트 한다고 밥 안 먹고 땅콩 잼 바른 빵 먹고,

간단하게 먹는다고 밥 안 먹고 소스 뿌려 샐러드 먹고,

먹을 때는 몰랐어요, 땅콩 잼과 소스가 고칼로리란 것을.

모르고 한 일도 용서가 안돼요. 계속 배가 나옵니다.

나이와 함께 저도 모르게 나오는 배를 보면서 남모르게 한숨 쉬는 일이 자주 있습니다. 배는 점점 나오고 허리벨트 구멍은 자꾸 늘어갑니다.

특히 저녁에는 밥을 일체 안 먹기로 했습니다. 다양한 야채를 먹기로 하고, 야채만 먹습니다. 달걀 삶은 것, 빵 몇 쪽 정도는 먹어도 된다는 아내의 너그러운 마음을 받아들여서 조금씩 먹기로 했습니다. 그런데 배가 줄지를 않습니다. 첫 주가 지나고 둘째 주도 그렇게 먹었는데 별로 줄지를 않습니다. 그러다 어느 날 깜짝 놀랐습니다. 제가 야채를 먹는다며 함께 뿌려 먹은 다양한 소스들과 빵에 발라 먹은 땅콩 잼의 칼로리가 매우 높다는 사실을 알았습니다. 제가 그토록 기피했던 밥 한 그릇보다 오히려 칼로리가 높은 땅콩 잼과 소스. 뒤늦게 그 실체를 알게 된 저는 후회했지만 아무 소용이 없습니다. 제가 아무리 후회해도 저의 배는 그냥 나와 있습니다.

모르고 한 일 때문에 사람을 망칠 수 있습니다. 모르고 한 일이라 죄는 용서받을 수 있을지 모르지만, 처음으로 되돌릴 수는 없습니다. 아이를 키우는 부모들도 마찬가지입니다. 잘 모르면서 자기만의 확신을 가지고 아이를 교육시키다가 아이가 망가진 후에 잘 몰랐다고 후회해도 아이는 돌이킬 수 없다는 말입니다. 부모로 살면서 깜짝 놀랄 때가 많습니다. 제가 살아왔던 시대와는 너무도 달라진 이 시대는 공부하는 방법도 살아가는 방법도 제가 배웠던 것들과 달라도 너무 많이 다릅니다. 그럼에도 불구하고 제가 배웠던 대로 아이를 가르칠 때가 있습니다. 그렇게 제 방식대로 아이를 키우다가 아이를 망칠 수 있는데도 그런 생각을 하지 못할 때가 있습니다.

아이를 잘 키우기 위해서는 아이에 대해 잘 알아야 합니다. 아이에 대해 바르게 이해하지 않고 무조건 좋은 것이라며 다 주었다가는 아이를 망가트릴 수가 있다는 사실을 잊지 말아야 합니다. 다이어트도 다이어트 방법을 제대로 알고 해야 하듯이, 아이교육도 바른 교육법을 제대로 알고 가르쳐야 합니다.

다이어트를 위해 음식 칼로리를 줄여야 하는 것처럼, 아이 교육에 대한 욕심도 줄여야 합니다. 욕심이 개입된 교육은 자기도 모르는 사이에 아이를 망칩니다. ❀

당신 생각

자신 있습니까? 확신 합니까? 당신이 아이를 지도하는 방법이 옳다는 것을 말입니다. 가끔 아이들에게 이야기합니다. "부모가 자식에게 나쁜 일을 시키겠니?" 그러나 저는 나쁜 일을 시킬 수도 있다고 생각합니다. 자신도 잘 모르면서 아이를 이끈다면 그런 실수를 할 수 있습니다. 혹시 당신은 자신도 확신이 없는 일을 자녀들에게 요구하지는 않습니까? 당신이 하는 말과 행동과 가르침이 아이들을 올바로 인도할 수 있는지 한번 적어보십시오.

110

작은 꽃
한 송이

●

꽃들로 수놓은 꽃동산이 아름답습니다.

꽃동산이 예뻐서 사진을 찍습니다.

꽃동산에 취해 꽃동산을 바라보느라,

가끔 우리는

작은 꽃 한 송이를 기억하지 못합니다.

계절마다 아름다운 정원을 만들기 위해 예쁜 꽃들을 심는 사람들이 있습니다. '장미정원', '국화정원', 이름도 알 수 없는 많은 꽃들로 채워진 정원들을 보면 아름다운 풍경에 마음을 뺏기고 맙니다. 해바라기가 가득 피어 있는 꽃밭을 걸을 때나 가을 코스모스로 가득한 꽃길을 걸을 때, 유채꽃으로 물든 봄의 꽃밭을 보면서 그 향기로움에 우리의 마음이 치유되기도 합니다. 예쁜 꽃들이 군락을 이루어 연출하는 아름다움은 사람들을 치유하고 기쁨을 주기에 사람들은 바쁜 중에도 꽃들을 찾아 여행을 떠나기도 합니다. 또 자기 소유의 정원을 예쁘게 꾸며 많은 사람들에게 기쁨을 선물하기도 합니다.

꽃으로 가득한 정원이나, 꽃동산은 이름도 모를 많은 꽃들이 함께여서 더 아름답습니다. 그것은 수많은 작은 꽃들이 각자의 자리에 있어서 이루는 아름다움입니다. 더 큰 아름다움을 연출하기 위해 조금은 더 화려한 꽃들과 조금은 덜 화려한 꽃들이 이름도 없이 그 자리를 지키고 있기에 볼 수 있는 아름다움입니다. 아름다운 꽃동산을 이루기 위해 자기자리를 지키는 수많은 작은 꽃들처럼 더 큰 영광과 아름다움을 주기 위해 자기의 자리를 지키고 있는 수많은 존재들이 있습니다. 그 작은 존재들이 이름 없이 어디에선가 자기자리를 지키고 있기에 우리는 더 큰 영광과 기쁨과 완성의 즐거움을 맛볼 수 있습니다.

우리가 살아가는 이 세상도 마찬가지입니다. 이 세상이 움직이기 위해서 이 세상에 존재하는 수많은 개체들은 그 어느 것 하나 의미 없는 존재가 없습니다. 이름 모를 수많은 꽃들이 아름다운 꽃동산을 이루듯, 이름 모를 수많은 사람들이 묵묵히 자기자리를 지키고 있기에 이 세상이 움직입니다. 우리는 모두 이 세상을 움직이는 이름 모를 개체로 존재해서 서로 다른 역할로 이 세상을 아름답게 만들어가는 주인공들입니다. 그 역할은 각자 다르지만 어느 누구 한 사람도 부정할 수 없는 존재의 이유가 있습니다. 그 작은 존재를 부정할 때, 이 사회 전체가 부정될 수밖에 없기 때문입니다. 가끔은 수많은 꽃들 중에 몇몇 송이가 사람의 눈에 띄어 선택받게 되는 것처럼, 빼어난 몇몇 사람들이 경쟁에서 이겨 이 사회에서 드러나는 존재가 되기도 합니다. 많은 사람들의 부러움의 대상이 되기도 하고 마치 모든 영광을 독차지하는 것처럼 보입니다. 그래서 사람들은 그 영광을 위해 달리고 노력합니다.

그러나 정말 중요한 것은 뛰어난 존재가 아닙니다. 각 개인들이 모여 전체를 이루고 있기에, 존재 그 자체가 중요하게 여겨져야 합니다. 뛰어난 존재만 인정되고 다른 모든 존재가 인정되지 않는 다면 이 세상은 더 이상 아름답지 않습니다. 목적 중심의 삶은 사람들을 드러난 존재로 만들려는 음흉한 시각을 가지고 사람을 바라봅니다. 목적 중심의 교육은 다른 사람들과의 경쟁에서 반드시 이겨야 한다는 음모를 가지고 교육을 합니다. 그래서 모든 사람들이 다른 사람보다 뛰어난 자가 되려는 욕망을 갖게 하고, 그 욕심이 평범한 수많은 존재들을 의미 없는 존재로 평가절하시키고, 존재의 가치를 무의미한 것으로 만들어버립니다.

이제 우리는 목적 중심의 삶에서 벗어나야 합니다. 목적 중심의 삶으로 인생을 바라보면 성공을 위해 끝없는 경쟁을 치르도록 만듭니다. 경쟁에서 이기는 것이 승리이고 성공이라고 가르칩니다. 목적 중심의 삶에서 성공이란 우뚝 드러난 존재가 되는 것입니다. 목적 중심의 교육은 남들과 달라야 한다는 생각을 기반으로 하여 꿈을 갖게 하고 성공을 꿈꾸게 합니다. 그러나 성공은 누군가를 지배하는 것이 아니라, 함께 어울려 아름다운 세상을 만들어가는 것입니다. 평범하지만 각양각색의 꽃들이 아름다운 꽃동산을 만드는 것처럼, 성공은 이 세상의 모든 평범한 사람들이 각자의 자리를 지키고 또 함께 어울려 세상을 만들어가는 것입니다.

이런 세상을 만들기 위해 가치 중심의 삶을 살아야 합니다. 꽃들이 그 존재 자체만으로도 가치를 가지고 있는 것처럼 모든 사람들도 존재만으로 가치가 있다는 사실을 인정해야 합니다. 그렇게 할 때 무엇이 되려는 강박관념에서 벗어날 수 있습니다.

성공이라는 단어의 의미를 바꿔 쓸 필요가 있습니다. 가치 중심의 삶에서 성공은 자신의 존재의 이유를 실현시키는 과정이 될 것입니다. 그래서 아무리 작은 존재라도 그 존재의 실현만으로 성공을 이야기할 수 있습니다. 그러므로 진정한 성공은 곧 행복이라고 쓸 수 있습니다. ✿

당신은 지금 이 세상 어느 부분에서 서 있습니까? 당신이 그곳에 서 있지 않는다면 이 세상은 아름다울 수 없습니다. 왜 꼭 당신이 거기 서 있어야 하냐고 반문하는 분도 있을 것입니다. 아마도 당신은 그 일이 즐겁지 않은 모양입니다. 그렇다면 즐거운 일을 찾아 당신의 위치를 바꾸십시오. 당신이 억지로 그 자리에 서 있는 것보다는 그 자리에서 즐거울 수 있는 누군가에게 그 자리를 양보하는 것이 당신도 그 사람도 행복할 수 있습니다.

내가 키울
나의 강점

●

예쁜 나무를 정성 다해 화분에 심었습니다.

일 년 동안 물을 주며 예쁜 꽃을 기대합니다.

노란 꽃, 빨간 꽃을 기대하며 영양분을 줍니다.

삼 년을 기다려도 꽃이 없자 불안해합니다.

알고 보니 그 나무, 잘 자란 향나무였습니다.

저녁 자율학습 시간에 교무실로 한 아이
가 찾아왔습니다. 머리도 헝클어지고 지친 모습을 하고서는 공부
를 하는 것도 힘들고, 안 하는 것도 힘들다고 이야기합니다. 저녁
늦게까지 학교에 남아 있는 것도 힘들다고 말합니다. 그런데 가장
힘든 것은 자기가 뭘 잘하는지 모른다는 것이라고 합니다. 아무리
생각해 보고 찾아봐도 잘하는 게 없는 것 같다며 담임인 저에게
자기가 잘하는 것을 찾아 달라고 합니다. 뭘 잘하는 아이일까요?
제가 이 아이를 35명의 학급 학생 중 한 명으로 5개월 전에 만나
이런 저런 모습으로 지내왔지만 저도 이 아이가 뭘 잘하는지 궁금
합니다. 이 아이는 왜 자기가 잘하는 일이 무엇인지를 모를까요?

　이 아이에게는 큰 꿈이 참 많습니다. 요즘은 중앙대학교 신문방
송학과를 들어가는 게 꿈이라고 늘 이야기를 하고 다닙니다. 3개
월 전에는 개그맨이 꿈이었던 아이입니다. 학기 초에 제출한 자기
소개서에는 교사나 간호사가 꿈이라고 적혀 있었습니다. 이 아이

에게는 꿈이라고 말하는 목표가 참 많습니다. 3개월 전 개그맨이 꿈이라던 아이가 왜 여름방학 이후 갑자기 중앙대 신문방송학과가 목표가 되었을까요? 아마도 아이가 방학 중에 대학교 탐방을 했는데 그때 만난 사람들이 중앙대 신문방송학과 재학생들이었던 모양입니다. 그들의 멋진 소개 후 이 아이는 중앙대 신문방송학과가 목표가 되고 기자가 되는 게 꿈이 되었습니다.

목표가 이렇게 화려한데 이 아이는 왜 아직 자기가 뭘 잘하는지를 모른다고 말할까요? 제가 생각하기에 이 아이는 너무 많은 목표를 갖고 있는 것이 오히려 문제입니다. 자신의 강점을 발견하기 전에 멋지게 보이는 것을 먼저 꿈으로 정했습니다. 꿈을 정하고 거기에 맞는 자신의 강점을 찾으려니 찾을 수가 없습니다. 왜냐하면 꿈에 알맞은 자신의 강점을 찾아야 하기 때문입니다. 그런데 기자로서 갖춰야 할 자신의 강점은 아무리 찾아도 찾을 수가 없습니다. 어쩌면 애초부터 없었던 것인지도 모릅니다. 저도 이 아이에게서 기자로서 갖춰야 할 강점을 찾으려고 했지만 찾지 못했습니다. 중앙대 신문방송학과에 합격하기에는 집중력도 없고, 시간 관리도 체계적이지 못하고, 학습태도도 부족하고, 문장 능력과 언어 수준도 모자랍니다. 본인이 그걸 너무 잘 알고 있습니다. 그러니까 목표를 말해 놓고도 스스로 자신감이 없어집니다. 오히려 더 불안하고 자기가 뭘 잘하는 사람인지 궁금한 것입니다.

멋진 목표를 먼저 정하고 그후에 자신의 강점을 찾는 것은 순서가 잘못되었습니다. 저는 이 아이에게 일단 꿈을 접고, 다시 자신의 강점을 찾는 일부터 시작하자고 이야기했습니다. 목표를 버리고 아이의 강점을 찾으려고 보니 강점이 참 많은 아이입니다. 친구관계가 좋습니다. 웬만한 이야기에 상처를 잘 받지 않는 강인함이 있습니다. 이곳저곳 쑤시고 다니며 관심을 보입니다. 잘은 못하지만 무조건 하겠다는 도전하는 정신이 강한 친구입니다. 이런 친구가 잘할 수 있는 일이 있을 것도 같습니다. 여기에 말할 수는 없지만 이 친구에게 잘 맞는 미래의 목표가 보입니다. 그렇게 아이랑 이야기를 하고 나니 생각이 좀 정리가 됩니다. 아이도 고민이 조금 줄었습니다. 일단 무엇이 되겠다는 생각을 접고 당분간 자신이 잘하는 일에 집중해 보기로 했습니다. 그런 후에 자신에게 맞는 일을 찾아 열심히 노력하는 게 좋다는 결론을 내렸습니다. ❊

사람을 교육하는 것은 나무를 키우는 것과 같습니다. 꽃은 꽃나무에서 기대를 하고 과일은 과실수에서 기대해야 합니다. 그런데 우리는 모든 나무가 꽃이 피길 원하고, 모든 나무가 과실을 맺기를 원하는 교육을 하고 있을지도 모릅니다. 당신을 나무로 비유한다면 당신은 어떤 나무입니까? 어떤 나무는 목재로 쓰이고, 어떤 나무는 예쁜 꽃을 내고, 어떤 나무는 약재로 쓰이고 어떤 나무는 열매를 맺고 그늘을 만들기도 합니다. 자신의 강점을 발견하면, 자신을 원망하지 않고 행복할 수 있습니다.

'말'
잘합니다

●

어린 시절 아버지의 말씀이 기억납니다.

'말 많은 놈치고 잘되는 놈 못 봤다.'

내 나이 마흔일곱에 알게 되었습니다.

내가 제일 잘하는 것은 말하는 거라고.

차라리 꿈꾸지 마라

사람들은 자기가 하던 일에 타성이 젖을
때쯤이면 하는 일에 재미를 잃게 됩니다. 그리고 날마다 재미없이
지루한 일상을 한탄하며 지내게 됩니다. 처음 그 일을 시작했을
때의 열정은 사라지고 불만만 가득한 한숨을 쉽니다. 저도 그런
때가 있었습니다. 20년 가까이 재미있게 해오던 교직생활이 지치
고 재미가 없어졌던 순간이 있었습니다. 가르치던 아이들이 짐스
러워지고 적은 월급을 한탄하고 많은 업무에 짜증이 났습니다. 그
렇게 나의 일상을 보내면서 그것이 나의 모습이라 적응하고 인정
하며 재미없게 살아갔습니다.

　그 시절 내 입에서 제일 많이 하던 말은 세 가지 정도입니다. 첫
째는 '월급이 너무 적다'는 것이었습니다. 대기업 이사를 하는 친
구가 1년 동안 내는 세금이 내가 받는 1년 연봉보다 많은 것을 안
순간 좌절했습니다. 둘째는 '일이 너무 많다'는 것이었습니다. 일
이 정말 많았습니다. 교무부장과 연구부장의 업무를 하면서 다이

어리 두 권에 적혀있는 빼곡한 일정이 나를 지치게 했습니다. 셋째는 '애들만 없으면 교사도 할만 해'였습니다. 아이들이 없는데 어떻게 교사를 하겠습니까? 정말 스스로의 존재를 부정하는 표현입니다. 이런 말도 안 되는 푸념을 매일같이 내뱉는 제 모습에 한 숨짓는 일이 참 많았습니다.

그러다가 이렇게 살면 안 되겠다 다짐하면서 처음 시작한 것이 '내가 가장 잘할 수 있는 일이 무엇일까?'라는 질문이었습니다. 제가 정말 좋아하는 일, 제가 잘할 수 있는 일, 저의 가치는 무엇일까? 하는 생각을 하며, 일정을 적어야 할 내 다이어리에 낙서를 시작했습니다. 그 많은 낙서들 중에 가장 많은 글자는 '말하기'였습니다. 저는 말하는 것을 좋아하는 사람입니다. 그래서 그랬나봅니다. TV에서 말 잘하는 사람들을 보면 속으로는 부러웠지만 겉으로는 비아냥거렸습니다. '저 정도 이야기는 누구는 못하겠어? 이야기를 왜 저렇게 해.'라고 말입니다. 그런 저의 모습에서도 '말'하는 일을 좋아하는 것 같다는 생각을 했습니다.

어렸을 때 어른들께 들은 말이 있습니다. '말 많은 놈치고 쓸모 있는 놈 없더라.' '남자가 말이 많으면, 고추 떨어진다.' 그래서 남자, 특히 장남은 말을 많이 하면 안 된다는 생각으로 자랐습니다.

재미있는 말도 웃기는 말도 하면 안 된다고 생각했습니다. 특히 어른들 앞에서는 더욱 조신하고 조용하고 어른스럽게 행동했습니다. 그러다 보니 말하는 일은 물론이고 크게 웃고 떠들며 재미있게 저를 표현하는 일은 매우 어색한 일이 되고 말았습니다.

그런데 마흔 일곱에 겨우 찾은 저의 장점이 '말'하는 것입니다. 많이 망설였습니다. 좀 더 멋진 것을 찾고 싶었습니다. 하지만 결국 '말' 잘하는 것만큼 저를 흥분시키는 일은 없었습니다. 저의 가장 큰 장점이 '말'하기였고, 하고 싶은 일도 '말'하는 것이었으며, 가장 잘할 수 있는 일도 '말'하는 것이라는 확신이 들었습니다. 그때부터 저는 말하기와 글쓰기에 몰두하기 시작했습니다. 하루에 적어도 두 시간은 책을 읽고 말할 주제를 찾아 글을 쓰고 생각을 정리하기 시작했습니다. 그리고 6년이 지난 지금, 저는 '말'하는 일로 사람들 앞에 서면서 저의 미래를 만들어가고 있습니다. 이 일들은 저의 직업마저 더 신나게 만들어 줍니다.

제가 정말 하고 싶고 좋아하는 '말'하는 일을 찾기를 참 잘했다는 생각이 듭니다. ❀

당신 생각

지금 당신은 당신이 정말 하고 싶어했고, 잘할 수 있는 일을 하고 있습니까? 그렇다면 지금 하는 일이 정말 신나고 재미있을 겁니다. 하지만 오랜 시간 속에 당신이 하고 있는 일이 당신을 절망의 수렁으로 이끌고 있습니까? 일 때문에 걱정과 짜증이 늘어가고 매일을 무기력하게 보내고 있습니까? 그렇다면 잠시 멈추고 생각해 보세요. 정말 기분이 좋았을 때는 언제였고 어떤 일을 할 때가 가장 재미있었는지, 어느 순간에 정말 살아 있다고 느꼈는지. 과거 시간 속의 당신 모습을 생각하면서 차근차근 수첩에 적어보세요. 공통점이 가장 많은 것이 당신이 해야 할 일입니다.

차라리 꿈꾸지 마라

꿈

우리는
욕심을 가지고 있는지
꿈을 지니고 살아가는지

나에게 집중하고 있는지
남들을 바라보고 있는지

성공을 위해 달려가는지
행복을 위해 살아가는지

명령을 받으며 일하는지
좋아하는 일을 하는지
알아야만 해.

어떻게 꿈꿀 것인가?

학교 교사인 저는 많은 아이들을 만나고 고민을 들어줍니다. 공부하는 방법이 고민인 아이도 있고, 친구관계가 고민인 아이도 있고, 생활습관이 고민인 아이도 있으며, 가끔씩은 사회문제가 고민인 아이도 있습니다. 그렇지만 상담을 하러 오는 대부분 아이들의 고민은 꿈에 대한 것입니다. 자기가 뭘 잘하는지도 모르겠지만 무엇을 해야 할지도 모르겠다는 이야기가 대부분입니다. 잘하는 것이 무엇인지 모르기 때문에 어떤 직업을 가져야 할지, 어떤 학과를 가야 할지, 문과와 이과 중에 어떤 과정을 선택해야 할지 모르겠다는 것입니다. 꿈을 만들어 달라고, 학과를 선택하게 해 달라고, 어떤 직업을 가져야 할지 알려 달라고 말합니다.

대한민국의 아이들이 제대로 꿈을 꾸지 못한다는 것이 참 안타깝고 마음이 아픕니다. 꿈을 찾지 못하고 살다가는 성공도 못하고 실패할 것이 불안해서 오는 아이들입니다. 어느새 아이들도 성공이라는 목표를 향해 달려가는 대열에 자신도 모르는 사이에 서 있는 것입니다.

아이들에게 꿈이 있다는 것은 참 멋진 일입니다. 그래서 저는 가끔 아이들과 꿈 수업을 합니다. 꿈을 갖는 것이 왜 중요한지, 어떻게 꿈을 찾을 수 있는지 이야기하며 수업을 하면 아이들이 많이 좋아합니다. 자신의 꿈을 그림으로 그리기도 하고 쓰기도 하고 이야기하기도 합니다. 짧은 시간 아이들이 그린 꿈은 과학자, 의사, 변호사, 교수, 감독, 연예인, 모델, 호텔 요리사, 축구선수 등 요즘 잘 나가는 직업들이 단골로 등장합니다. 그리고 그 직업을 통해 많은 돈을 벌고, 그 돈으로 봉사를 하겠다는 멋진 이야기를 합니다.

그런데 아이들과 꿈 수업을 하면서 저는 아이들의 꿈에서도 욕심을 발견하곤 합니다. 왜냐하면 아이들의 꿈에 자신의 이야기가 빠져 있기 때문입니다. 자신이 무엇을 잘하는 사람인지 자신이 어떤 흥미를 갖고 있는지에 관한 발견 없이 만든 꿈은 진정성이 없기 때문입니다. 자신이 빠져버린 꿈은, 꿈이 아닌 욕심입니다.

성공을 위해 목표를 세우라고 하는 것은 꿈을 가지라고 말하는 것과 같습니다. 꿈은 무조건 높아지고 돈 많이 벌고 잘되는 성공을 말하는 것이 아니고, 자신의 가치를 실현시키며 자신의 모습으로 열매 맺는 것입니다. 꽃씨가 자라서 꽃이 되고, 과실나무 묘목이 자라서 맛있는 열매를 맺는 것이 곧 꿈을 이루는 것입니다. 포도나무는 포도를 맺어야 하고, 복숭아나무는 복숭아를 맺어야 그 꿈을 이루는 것입니다. 그런데 꽃나무가 꽃이 아닌 거목이 되길 원하고, 복숭아나무가 포도를 맺기 원하며, 포도나무가 복숭아를 맺기 원한다면 그것은 꿈이 아니고, 욕심을 이루려는 것입니다.

자신의 것을 버려두고 다른 것을 꿈꾸는 것은 꿈이 아니라 욕심입니다. 꿈은 자신의 가치를 발견하고 반복적인 행동을 통해 능력을 키우고 자신에 대한 믿음을 키우며, 자신의 가치를 필요한 곳에 사용하며 헌신하는 것을 말하는 것입니다. 그 꿈이 성공이며, 그런 성공을 이루었을 때 행복합니다.

행복한 삶을 위해 자녀를 교육시키는 부모의 마음도 아이들의 꿈도 욕심이 되지 않아야 합니다. 자녀만이 아니라 어른들도 마찬가지입니다. 자신들의 목표가 욕심이 되어서는 안 됩니다. 어른이나 아이들이나 자신의 가치를 발견하기 전에 돈을 많이 벌고 권력이 있고 남들이 부러워할 만한 직업을 갖는 꿈은 꿈이 아니라 욕심일 뿐입니다. 그런데 우리는 아이들을 파악하기도 전에 의사가되고, 변호사가 되라고 이야기합니다. 자신을 파악하기도 전에 돈을 많이 벌 수 있는 직업을 꿈꿉니다. 꿈이나 직업을 만드는 기준이 가치가 아니라 돈에 있고 부에 있다면 그것은 꿈이 아니라 욕심이 됩니다. 욕심慾心의 욕慾자는 바람欲과 마음心을 합한 글자,

즉 '바라는 마음'입니다. 사람들은 성공과 발전을 위해 적당한 욕심은 필요하다고 합니다. 그러나 욕심은 끝이 없다는 것입니다. 채우기 위한 욕심은 다 채울 때까지 끝이 없을 것이며, 욕심을 따라 사는 사람은 욕심 때문에 고통으로 인생을 보낼 것입니다.

우리 주변에는 우리가 바라볼 존재들이 너무 많습니다. 자신을 기준으로 세상을 바라보지 않고, 세상을 바라보면서 자신을 만들다보면 욕심만 생겨납니다. 그 욕심은 절대로 채워지지 않습니다. 꿈은 욕심을 버릴 때 이룰 수 있습니다. 이루어지지 않을 꿈은 더 이상 꿈이 아니라 욕심입니다. ❀

나의 미래 모습을 구체적으로 적어봅시다.

_____년 후, _____년 후의 나의 모습

시기	_____년 후 – ( )살	_____년 후 – ( )살
월요일 아침 9시이다. 어디서 누구와 무엇을 하고 있는가?		
월요일 정오이다. 어디서 누구와 점심식사를 하고 있으며, 무슨 이야기를 나누고 있는가?		
토요일 오후 6시이다. 어디서 누구와 무엇을 하고 있는가? 마음 상태는 어떠한가?		
위의 내용들을 토대로 미래의 나의 모습을 간략히 적어보자.		

나를 위한 사명 선언문 만들기

나의 관심분야와 핵심가치, 그리고 나를 가장 흥분시키는 세 개의 동사
를 사용하여 다음과 같이 사명 선언문을 만들 수 있다.

나, ○○○ 의 사명은

내가 봉사하는 모든 사람들을 위해
(나를 가장 매료시키는 집단/단체)

혁신을
(핵심가치)

조성하고, 협동을 강화하고, 번영을 창조하는 것이다.
(세 개의 동사)

---

* 예 : 나의 사명은 노인들이(단체) 행복한 마무리를 할 수 있도록(핵심가
치) 그들을 돕고, 가르치고, 함께하는 것이다(세 개의 동사).

자신의 사명선언문을 작성해 봅시다.

나, _____의 사명은

_____ 에/의/을(를) 위하여/와(과) 함께
(나를 가장 매료시키는 집단/단체)

_____을(를)
(핵심가치)

_____ , _____ , _____ .
(세 개의 동사)

사명선언문은 인생의 나침반과 같다.

이것이 있을 때 여러분은 꿈을 성취할 수 있다.

사명선언문은 여러분이 이 세상에 존재하는 이유를 종이에 적은 것이다.

201

꿈꾸지 못하는
아이들

●

7세 아이가 단추를 끼우려는데 부모가 먼저 끼워줍니다.

8세 아이가 준비물을 챙기려는데 부모가 미리 챙겨줍니다.

9세 아이가 숙제를 하려는데 부모가 대신 숙제를 합니다.

10세 아이는 자신이 뭘 잘하는지 몰라 혼란을 겪게 됩니다.

14세 아이는 더 이상 자신의 꿈을 꾸지 않게 됩니다.

꿈다리 생각

초등학교 고학년 아이들과 꿈 이야기를 하면 매우 어려워합니다. 중학생 아이들과 꿈 이야기를 하면 장난 스럽게 넘어갑니다. 고등학생 아이들과 꿈 이야기를 하면 진지하게 그냥 공부나 하겠다고 이야기합니다. 아이들은 꿈 이야기를 부담스러워합니다. 꿈을 누군가에게 말하는 것이 쑥스럽고 어렵습니다. 왜 그럴까요? 모든 아이들은 꿈을 가져야 한다고 배웠지만 실제로 꿈을 가지고 있는 아이들은 많지 않기 때문입니다. 자기의 멋진 모습을 상상할 수도 있고, 또 성공한 사람을 부러워하기도 하지만 자신이 그 꿈을 어떻게 구체적으로 이루어갈 것인지에 대한 자신감은 별로 없습니다. 막연하게나마 꿈을 꾸어보지만 그 꿈을 구체화하지 못하기에 다른 사람에게 자신의 꿈을 이야기하는 것이 부담스러운 것입니다.

꿈을 꾼다는 것은 이룰 수 없는 것을 상상하는 몽상이나 공상과는 다릅니다. 미래의 자신의 모습을 구체화하고 상상해 볼 수 있어야 합니다. 꿈은 실현 가능한 것이어야 합니다. 그래서 현재의 자신이 가지고 있는 자원들과 시간적, 공간적으로 연결되어 있어야 상상할 수 있습니다. 현재의 자원들이 구체화되고 유기적으로 연결되지 않는 상상은 공상일 뿐입니다. 꿈이 비현실적으로 느껴진다거나 구체화하지 못하는 것은 현재 자신의 모습이 그 꿈을 이루기에는 아직은 역부족임을 인정하는 자신감 없는 태도입니다.

왜 대부분의 아이들이 꿈을 꿀 수 없을 만큼 자신감이 결여되었을까요? 에릭슨Erik. H. Erikson과 피아제Jean Piaget의 인간 발달단계 이론과 연결해서 생각해 보면 어렸을 때의 인지 발달이 청소년기의 인지 발달에 영향을 끼친다는 것입니다. 꿈을 어렵고 부담스럽게 생각하는 대부분의 경우는 자기가 무엇을 잘하는지를 모르는 청소년들에게서 나타납니다. 즉 청소년기에 자기 역할에 대해 혼란을 겪고 있는 경우입니다. 이것은 발달단계 이론 중 청소년기에 나타나는 형식적 조작기에 자아정체성을 갖지 못해 자신에 대해 통찰하지 못하고 자기 역할에 대해 혼란을 경험하며 갈등을 겪게 되면서 아이들에게서 나타나는 특징입니다. 청소년기에 자기 역할에 대해 혼란을 겪는 아이들은 대부분 유년기에 열등감을 겪은 아이들입니다.

왜 아이들은 유년기에 열등감을 겪게 될까요. 에릭슨은 유년기에 비난이나 좌절감을 경험할 때 열등감을 갖게 된다고 말합니다. 또 피아제는 이 시기가 구체적 조작기로서 무언가를 성취하기 위해 스스로 노력하려는 시기라고 말합니다. 스스로 행동하고 경험하면서 사물에 대한 이해를 높이는 단계인 것입니다. 그런데 이 시기에 어른들이 아이들을 대신해 너무 많은 것을 해줍니다. 아이의 가방을 챙겨주고 숙제도 대신 해주고, 많은 일을 아이가 하기 전에 미리 해줍니다. 아이들이 좋아할 것이란 어른들의 생각과는 달리, 아이들은 비난받는다고 생각하게 되고 깊은 좌절감을 겪게 되며, 스스로 문제 해결을 하지 않는 것에 익숙해집니다. 스스로 문제 해결을 해본 적이 없는 아이들은 자신이 무엇을 잘하는 아이인지 알 수 없습니다. 결국 부모들의 행동 때문에 아이들은 열등감을 갖게 되고, 자라면서 자기 혼란을 겪게 되는 것입니다. 자신감 상실로 인해 꿈을 구체화할 수 없습니다.

아이들은 스스로의 도전을 통해 성공도 실패도 스스로 경험해야 합니다. 그 과정이 아이들로 하여금 자신감을 갖게 하고 성취에 대한 재미를 얻게 합니다. 아이들을 꿈꾸게 하고 싶으신가요? 아이 스스로 어떤 일을 해결하고 경험할 수 있는 장을 열어주십시오. 성공의 경험과 재미가 아이들을 마음껏 꿈꾸게 할 것입니다.

아이들이 마음껏 꿈꾸게 하고 싶다면 어린 시절부터 많은 것을 경험하게 해주어야 합니다. 여기저기 다니면서 새로운 것을 경험하게 해야 합니다. 새로운 문제나 상황에 직면하게 하고 그 문제나 상황을 해결할 수 있도록 도와주어야 합니다. 그런데 새로운 경험을 하는 것보다 더 중요한 것이 있습니다. 그것은 부모가 아이들에게 성공을 경험하도록 인도해 주는 것입니다. 그러기 위해서 아주 어린 시절부터 부모가 행복한 모습을 보여 주어야 합니다. 아이들 자신의 존재 자체가 부모에게는 행복이라는 것을 알게 해야 합니다. 그래서 아이들 스스로 자신의 존재 가치를 느끼게 해주어야 합니다. 작은 성공들이지만 아이가 성공했을 때 많은 격려를 해주어 성취감을 갖게 하고 스스로 자랑스러운 생각을 갖도록 지지해 주어야 합니다. 이러한 경험들이 쌓여 아이들은 행복한 꿈을 꿀 수 있는 것입니다. ❁

당신 생각

당신의 자녀는 지금 꿈을 가지고 있습니까? 자아정체성이 분명히 세워졌을 때 꿈을 꾸는 자가 됩니다. 자아정체성을 세우기 위해서는 작은 성공의 경험을 많이 쌓는 것이 필요합니다. 성공의 경험을 많이 쌓기 위해서는 다양한 도전이 필요합니다. 적극적으로 아이들이 도전할 수 있게 해야 합니다. 믿고 맡기면 아이들은 스스로 도전을 멈추지 않을 것이고 다양한 성공의 경험이 아이들을 꿈꾸게 할 것입니다. 지금 아이들에게 구체적으로 무엇을 하도록 해야 할까요?

202

신바람 납니다

●

살 빼라고 엄마가 시켜 공차는 아이

힘들다고 땀난다고 엄살을 피웁니다.

친구들과 땀 흘리며 공을 차는 아이

힘들어도 땀 흘려도 신바람 납니다.

　　　　　강의에 대한 좋은 소문이 조금씩 나면서 요즘에는 강의가 많아졌습니다. 어떤 날은 하루 종일 강의를 하기도 합니다. 여름방학이던 8월 초, 그날도 아침 7시에 집에서 나와 서울 모 대학교에서 교사들을 대상으로 3시간 강의를 하고, 곧 바로 또 다른 대학에서 대학생 대상으로 1년 성공프로젝트 강의를 5시간 동안 진행했습니다. 그리고 저녁 시간에는 2시간 동안 한국교육개발원 직무연수 사이버 토론을 진행하느라 저녁 9시까지 쉴 틈이 없었습니다. 막히는 서울 도로를 승용차로 이동하느라 중간에 짬을 내지 못해 14시간 동안 식사도 제대로 하지 못해 배도 고프고 너무 힘들어 다리도 풀렸습니다. 더구나 마지막 사이버 토론은 인터넷이 잘되는 곳을 찾아야 했기에 시간에 쫓기며 장소를 찾느라 애를 많이 먹었습니다. 그렇지만 하루 종일 바쁘게 돌아다닌 만큼 마음은 뿌듯하고 신이 납니다.

　고 3이 되는 둘째 아들은 요즘 미래의 직업체험을 위해 멘토를 소개받고 서울로 실습을 다닙니다. 고등학교에 올라와서 1학년까지는 그래도 공부하느라 애를 쓰더니 2학년 올라가면서 자기에게 공부는 잘 맞지 않는다며 다른 길을 찾겠다고 합니다. 1년 넘게 이것저것 고민하더니 결국 아들이 적성에 맞을 것 같다며 찾은 일이 스타일리스트입니다. 자기는 옷을 멋지게 입고, 머리를 만지고, 스타일을 예쁘게 만드는 일에 관심이 많고 그런 일을 할 때 참 좋다고 합니다. 알고 있는 스타일리스트학과 교수님을 소개해 줬더니 교수님을 멘토로 삼아 공부를 시작했습니다. 그리고 여름방학을 맞아 교수님의 소개로 현직 스타일리스트 사무실에서 미래 직업을 직접 체험하기로 한 것입니다. 아침 8시 집을 나가 하루 종일 돌아다니며 심부름하고 밤 10시에 지친 몸을 이끌고 집에 돌아와 그제야 저녁 먹으면서도 아들이 하는 말이 너무 신나고 신기하고 재미있답니다. 관심을 가지고 뛰어들었다가도 대부분 아이들은 2, 3일 만에 포기하고 돌아간다고 하는 일을 아들은 신나고 재미있어 합니다.

하루 종일 아무것도 못 먹고 강의한 제가 정말 힘들지 않았을까요? 하루 종일 돈도 안 받고 심부름하며 바빴던 우리 아들이 정말 힘들지 않았을까요? 솔직히 말하면 힘들었습니다. 다리도 아프고 발바닥도 아픈 쉽지 않은 하루 일정이었습니다. 많이 힘들었는지 아들은 밥숟가락 놓자마자 바로 잠들었습니다. 그런데 다음날 아침, 저도 우리 아들도 다시 신나게 하루를 시작합니다. 정말 힘든 것은 일이 힘들어서가 아니라 누군가가 시켜서 억지로 일할 때입니다. 자기 스스로 선택해서 하는 일은 힘들고 고통스러워도 그 일이 즐겁습니다.

아이들이 공부하는 것도 마찬가지입니다. 자기들이 좋아서 스스로 선택한 공부를 한다면 공부가 힘들지 않을 것입니다. 아이 스스로 선택해서 하는 공부라면 부모가 '공부하라'는 잔소리를 하지 않아도 그 어려운 공부를 해내게 될 것입니다. 그런데 요즘 대부분의 아이들은 부모님이나 선생님이 시켜서 공부를 한다고 행각합니다. 부모님을 위해 자신이 어려운 공부를 억지로 한다고 생각을 하는 겁니다. 그렇기 때문에 아이들에게 공부는 즐겁지 않은 일입니다. 아이가 즐겁게 공부하기를 원한다면 공부하라는 잔소리는 하지 말아야 합니다. 본인이 스스로 책상에 앉을 때까지 조금 기다려 주는 게 좋습니다. 자기 스스로 선택한 것을 하게 해야 합니다. 자기가 잘한다고 생각하는 것을 하게 해야 합니다. 그러면 불평없이 스스로 즐겁게 그 일을 합니다. 그런 아이가 성공합니다. ❀

당신은 어떤 일을 할 때 신이 납니까? 당신은 지금 신나는 일을 하고 있습니까? 신나는 일을 해야 힘들어도 힘든 줄을 모릅니다. 당신의 자녀는 신나는 일을 하고 있습니까? 아니면 억지로 끌려가며 간신히 버티고 있습니까?

희망은 있습니다

●

비가 내리고 하늘이 어둡게 내려앉은 날

구름 위 하늘에서 맑은 일출을 봅니다.

흐린 날 어두워 절망만 가득 보여도

절망 너머 그곳에 희망이 있습니다.

내가 있는 이곳은 잔뜩 흐려있지만

흐림 너머 그곳에는 밝은 빛이 있습니다.

우리의 삶이 절망스럽게 보여 절망할지라도

희망은 있습니다.

차라리 꿈꾸지 마라

강의가 있어 제주행 새벽 비행기를 타기
위해 공항으로 향했습니다. 공항에 갈 때까지 겨울비가 촉촉이 내
리고 하늘은 여전히 어두웠습니다. 흐린 날씨가 지속되면 이동하
는 데 어려움이 많겠다는 걱정을 하면서 비행기에 올랐습니다. 비
행기가 하늘 위로 솟아오르자 어두웠던 하늘이 서서히 밝아오기
시작했습니다. 그리고 저 멀리 바다 위로 태양이 떠오르는 일출이
시작됩니다. 구름 위 하늘에는 비가 내리지 않고 오히려 태양이
찬란하게 떠오르며 아침이 밝아옵니다.

제주에 도착해 비행기에서 내릴 때도 비는 여전히 내렸습니다.
강의하는 중에도 그리고 강의가 끝날 때까지도 비는 내렸습니다.
그렇게 비가 내리는 데도 하늘 위에서는 밝은 태양이 떠오르고 있
었다는 사실은 제게 새로운 깨달음을 주었습니다. 때로는 비가 내
리는 세상처럼 우리의 살아가는 살림살이가 힘들고 괴로울 때가
있습니다. 앞길이 보이지 않고, 희망이 없는 날이 있습니다. 우중

충하고 흐린 날씨만큼이나 울적한 날이 많습니다. 하지만 비가 내리는 날에도 구름 위 하늘에서는 여전히 태양이 떠오르는 것처럼, 우리의 암울한 일상 속에서도 희망은 여전히 피어나고 있다는 것입니다.

비오는 날처럼 우리의 인생에도 궂은비가 내릴 때가 있습니다, 궂은비만 바라보면 희망이 보이지 않습니다. 그러나 구름 위의 하늘에서 태양이 떠오르듯이 우리의 힘든 일상에도 항상 태양처럼 희망이 떠오름을 인정해야 합니다, 그 희망으로 꾸준히 노력하며 살아간다면, 곧 우리도 밝은 태양을 보는 날이 올 것입니다.

아이를 교육하는 일도 그렇습니다. 지금 아이에게 희망이 보이지 않는다고 해서 희망이 사라진 것은 아닙니다. 지금은 철없고, 생각 없는 아이처럼 어떤 가능성도 없어 보일지라도 시간이 되고 때가 되면 그 아이 또한 자신의 삶을 살아가는 주인이 된다는 사실을 인정해야 합니다. 분명한 것은 그 아이의 미래에 대한 희망을 버리지 말아야 한다는 것입니다. 이런 희망과 믿음이 아이들을 웃으며 만날 수 있는 힘이 됩니다. ✿

당신은 자녀에게서 희망을 보고 있습니까? 가끔 당신은 자녀로 인해 회의적이 되거나 자신감을 잃을 수는 있겠지만, 희망이 없다고 말해서는 안 됩니다. 그런 자녀에게도 미래는 있기 때문입니다. 용기를 주어야 합니다. 태양이 떠오르고 있다는 사실을 말해 주어야 합니다.

걱정이
앞섭니다

●

도전하는 사람이 성공한다고 말은 하지만

정작 도전하는 자녀에게 염려만 쏟아놓고

시도하는 것이 중요하다고 훈계는 하지만

정작 새로운 시도 앞에 걱정만 쏟아냅니다.

둘째 녀석이 고1 때 축구하는 일에 열정을 보입니다. 풋살팀을 만든다고 친구들을 모으고 날마다 저녁 늦도록 연습한다고 밤 늦게야 집에 들어옵니다. 공부는 뒷전이고 축구만 생각하는 모습이 걱정입니다. 휴일날은 새벽 3시에 일어나 친구들을 이끌고 먼곳까지 축구경기를 하러 가야 된답니다. 공부해야 하는 나이에 축구에 빠져 있는 둘째 아들이 걱정스럽습니다.

글을 쓰거나 강연을 할 때 우리는 사람들에게 자신감을 불어넣어 주기 위해 노력합니다. 특히 그 대상이 청소년이거나 실의에 빠진 사람이라면 더더욱 자신감을 갖게 하기 위해 훈계를 합니다. '할 수 있다. 자신감을 가져라. 도전하는 사람만이 얻을 수 있다. 위험을 감수해야 이익을 얻는 법이다.' 등의 말을 통해 자신감을 가지고 인생을 살아가도록 격려하고 용기를 북돋아줍니다. 그러고는 지금 당장 그 일을 시작할 것을 종용하는 경우가 참 많습니다.

그런데 정작 내 자녀들이 그런 도전을 시작하면, 우리는 곧 태도를 바꾸고 훈계를 늘어놓습니다. '너무 서두르는 것 아니니? 앞뒤 가리지 않고 덤볐다가는 큰일을 당할 수도 있다. 안정적인 것이 최고다. 도전한다고 누구나 성공하는 것은 아니다.' 이런 수많은 이야기를 쏟아놓으며 갈 길을 막아섭니다. 이러한 태도는 자녀들의 새로운 시작에 장애물로 작용하기도 합니다.

자녀에게 조심할 것을 당부하는 것은 당연한 일입니다. 때로는 조심성이 없어서 일을 그르치는 사람들도 많기 때문입니다. 그렇지만 매사에 새로운 도전을 하지 못하도록 방해하고 막아서는 것은 자녀들의 도전 정신을 꺾어버리는 일입니다. 자녀들의 새로운 시도와 도전을 할 때 글을 쓰거나 강연할 때처럼 격려하고 인정해 주는 믿음이 필요합니다. 실패를 할 수도 있지만 다시 일어설 수 있다는 믿음을 보여 줘야 합니다.

자신을 지지해 주는 부모 아래서 자라난 아이들은 어떤 일이든지 자신감을 가지고 추진해 나갈 수 있습니다. ✽

당신 생각

당신은 스스로 도전하는 일에 자신 있습니까? 도전에 성공한 사람들의
이야기를 들으면 가슴이 뛰지 않습니까? 그런데 정작 자신의 가족이나
가까운 사람이 새로운 도전을 시작한다고 하면 어떤 반응을 보입니까?
오늘 당신의 자녀가 새로운 도전을 시도하고 있다면 어떻게 말해 주는
것이 옳을까요?

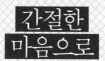

간절한
마음으로

입춘, 밤새도록 눈이 펑펑 내렸습니다.

아직 눈 오는 날에 입춘대길을 외치는 것은

봄이 빨리 오기를 간절히 바라는 마음으로

한 겨울에 부르는 희망의 노래입니다.

차라리 꿈꾸지 마라

밤새 흰 눈이 펑펑 내렸습니다. 어쩌면 이 겨울에 보는 마지막 눈일지도 몰라 눈 내리는 새벽, 단지 내 정원을 아내와 함께 걸었습니다. 입춘이라 눈이 내려 봐야 얼마나 올까해서 채비 없이 잠시 나왔는데 쌓인 눈 속으로 발이 푹푹 빠지고 옷깃으로 스미는 한기가 만만치 않습니다. 입춘이라고 해도 겨울은 역시 겨울이라 눈을 맞으며 걷기에는 추운 새벽입니다.

입춘은 봄을 알리는 절기입니다. 겨우내 추위에 움츠린 사람들이 간절히 봄을 기다리다가 입춘이 되면 입춘대길을 꿈꾸며 대문마다 봄맞이 단장을 합니다. 하지만 입춘은 여전히 겨울 추위가 머물러 있어서 봄이라고 말하기는 아직 이른 절기입니다. 대동강 물이 풀린다는 우수와 개구리가 잠에서 깨어난다는 경칩이 지나야 봄이 오는 것이니 입춘에 봄을 말하는 것은 사실 억지에 가깝습니다.

그런데 그 억지가 그냥 단순한 주문이 아닙니다. 입춘이 되면 쌓인 눈 속에서도 이미 봄이 시작되고 있기 때문입니다. 겨우내 얼었던 나뭇가지에 꽃눈이 부드러워지기 시작하고 오전 햇살에 밤새 쌓인 눈이 녹아내리면 들판에선 긴 겨울 잠자던 새싹들이 돋아나기 시작합니다. 세상에는 아직 추위가 남아 있고 간혹 눈도 내리지만 입춘이라 하여 대길을 말하고 새봄을 이야기하는 것은 대지를 움직이는 신비한 자연의 순리를 표현한 것입니다. 자연의 일부인 인간이 대자연의 기운을 느껴 봄을 소망하는 희망의 외침입니다.

긴 겨울의 추위 속에서도 새봄을 기다려 다시 살아나는 것이 자연입니다. 자연을 닮은 사람도 역시 그렇습니다. 세상이 끝난 것처럼 아파하다가도 새로운 시작에 설레며 힘차게 움직이는 것이 우리들 사람입니다.

자녀의 미래 역시 마찬가지입니다. 어떤 날은 앞날이 보이지 않을 만큼 절망스럽다가 또 어떤 날은 힘차게 걸어가야 하는 희망이기도 합니다. 아직 눈 내리는 추운 겨울에 입춘을 기대하는 것처럼, 우리 자녀에게도 절망의 날에 희망을 이야기할 수 있어야 합니다. 절망 가운데 희망을 이야기하는 것이 자연을 닮은 우리들이 해야 할 이야기입니다. ❁

오늘 당신은 희망을 전했습니까? 아니면 자녀를 절망하게 했습니까? 사람은 누구나 희망을 노래할 때 희망을 꿈꾸게 됩니다. 오늘 당신은 어떤 희망을 이야기하겠습니까?

더운 여름날 사람들은 휴식을 원합니다.

그래서 저마다 휴가를 계획합니다.

산과 바다에서의 시원한 피서를 꿈꿉니다.

그런데 아이들은

찜통교실에서 땀 흘리며 공부를 합니다.

차라리 꿈꾸지 마라

드디어 여름입니다. 가만히 있어도 옷 속으로 흐르는 땀에 짜증이 납니다. 비가 오락가락 하는 장마로 인한 높은 습도와 무더위는 사람을 지치게 합니다. 30도를 웃도는 무더위에 사람들은 일탈을 꿈꿉니다. 휴가를 계획하며 이미 생각은 먼 휴양지로 떠나 있습니다. 에어컨과 선풍기를 찾아 사람들은 모여 들고, 서늘한 그늘과 바람 잘 통하는 곳은 언제나 쉬고 싶은 사람들로 붐빕니다.

오늘도 30도가 넘는 날씨입니다. 해는 지고 간혹 선선한 바람이 불기도 하지만 여전히 30도를 웃돕니다. 그런데 아이들은 지금도 학교에 남아 자기주도학습을 하고 있습니다. 하루 종일 땀 흘려 몸도 끈적이고 냄새도 날 텐데, 여전히 교복 예쁘게 입고 좁은 교실에 20여 명이 앉아 공부를 합니다. 참 대단합니다.

아이들도 이렇게 더운 날이면 일찍 집에 가서 시원하게 씻고 편하게 휴식하며 여유를 즐기고 싶을 것입니다. 그러나 그렇게 할 수가 없습니다. 미래를 준비할 시간이 줄어들기 때문입니다. 아이들에게는 꿈꾸는 미래가 있습니다. 그 미래는 꿈만 꾼다고 해서 이루어지는 것이 아님을 아이들은 압니다. 꿈은 그 꿈을 이룰 때까지 부지런히 움직여야 성취할 수 있다는 것을 아이들이 다 알아버렸습니다. 그래서 아이들은 오늘도 그 끈적이고 냄새나는 교실에 앉아 졸음을 쫓으며 공부를 합니다.

사람들은 자주 멋진 꿈을 꿉니다. 자신이 미래를 위해 준비한 많은 계획과 꿈을 이룬 후 보게 될 아름다운 세상을 상상합니다. 문제는 사람들이 꿈만 꾸고 움직이지 않는다는 것입니다. 실천하지 않으니 꿈을 이룰 수 없습니다. 그러고는 꿈은 그저 꿈일 뿐 꼭 이루어지는 것이 아니라고 자기 위안을 합니다. 하지만 저는 분명하게 말합니다. "꿈꾸고 있다면 그 꿈을 이루기 위해 부지런하게 움직이십시오. 그러면 반드시 그 꿈을 이룰 것입니다!"

오늘 저는 아이들을 보면서 마음으로 기도했습니다. 오늘 이 자리에 있는 이 아이들의 꿈이 꼭 이루어지기를…. 오늘처럼 수고하고 노력한 시간의 열매가 탐스럽게 열리기를…. ❀

당신은 꿈꾸는 사람입니까? 꿈이 이루어졌습니까? 꿈을 이룬 기쁨을 경험했습니까? 그렇다면 분명 당신은 아주 열심히 미래를 위해 일한 사람입니다.

꿈을 이룬 기쁨을 경험한 적이 없다고요? 그럼 지금 당장 꿈을 위해 움직이세요. 꿈을 이룬 기쁨을 경험하기 위해 바로 시작하세요. 무엇부터 시작할까요?

내가 좋은 이유

·

열심히 살아가는 내가 참 좋습니다.

넉넉한 미소가 있는 내가 좋습니다.

편안한 미래가 있는 내가 좋습니다.

그러나 무엇보다

'나여서' 나는 내가 정말 좋습니다.

차라리 꿈꾸지 마라

저는 가끔 '나는 내가 정말 좋다!'라고 외치며 박수를 칩니다. 하루에 아마 열 번은 이렇게 박수를 저에게 보내는 것 같습니다. 그렇게 하다 보면 정말 제가 좋아집니다. 오랫동안 '나는 내가 정말 좋다!'라고 외치다 보니 이젠 정말 제가 좋아 죽겠습니다.

문득 저는 생각합니다. '왜 나는 내가 좋을까?' '정말 내가 나를 좋아하는 이유가 무엇일까?'

저는 가끔 제가 좋은 이유로 나의 장점이나 강점을 떠올려봅니다. 노래도 잘하고, 말도 잘하고, 열심히 살아가는 제 모습이 좋습니다. 논리적이고, 사색적이며, 지적이며(정말 지적인 것은 아니지만) 자신감이 넘치는 모습도 마음에 듭니다. 창의적이며, 순발력 있는 모습도 마음에 드는 장점 가운데 하나입니다. 생각해 보니 저는 제가 좋아할 만한 장점이 많은 사람입니다.

또 가끔은 제가 가진 것을 떠올려봅니다. 몸이 건강하고, 눈,

코, 입, 귀, 팔, 다리가 온전하고 (비록 빼어날 정도의 우량품은 아니지만), 언제나 저를 기다려 주는 아내가 있어 좋습니다. 제 말을 잘 믿어주는 잘 생긴 두 아들과, 제 이야기에 귀 기울여 듣는 우리 반 아이들이 있어 좋습니다, 먹고 살만큼 매달 월급을 챙겨주는 직장도 있으니 저는 참 부자입니다. 저는 이런 제 자신이 참 좋습니다.

어떤 때는 제가 하는 일을 떠올려봅니다. 제 수업 시간이 재미있다고 말해 주는 아이들과 전국을 다니며 하는 제 강의를 환호하며 좋아하는 다양한 사람들로 인해 늘 강의 요청이 끊이질 않으니 참 좋습니다. 가끔은 책도 쓰고, 연구보고서를 만들고, 필요할 때 심심치 않게 연락하고 찾아주는 친구들이 있으니 부족함이 없습니다. 저는 이런 제가 참 좋습니다.

그런데 정말 이런 이유들 때문에 저는 제가 좋은 걸까요? 뜬금없는 저의 질문에 어떤 분이 정답을 말씀해 주셨습니다.

"정말 내가 좋은 이유는 바로 '나'이기 때문입니다. '나'를 내가 사랑해 주지 않으면 누가 나를 사랑해 주지요? 내가 조금 부족해도, 내가 가진 것이 좀 적어도, 내가 하는 일이 조금 작은 일이어도, 그런 모습이 '나'이기 때문에 나는 나를 사랑하는 것입니다."

그 말이 정답입니다. 제가 저를 좋아하는 이유는 어떤 근사한 이유가 있어서가 아니라 존재의 의미 때문입니다. 저의 존재 자체를 사랑하고 좋아하는 것입니다. 그러니까 우리는 외쳐야 합니다. 현재 제가 눈으로 보고 손으로 꼽을 수 있는 것들을 모두 제거한다고 해도 여전히 '저'의 존재는 부정할 수 없습니다. 저의 존재를 부정하는 순간 제가 소유하고 있는 모든 것들은 의미를 상실할 것이기 때문입니다. 그런 의미에서 제가 가지고 있는 많은 조건들보다 저 자신의 존재 자체가 더 중요한 가치가 있는 것입니다. 그러니까 우리는 외쳐야 합니다. 조금 부족한 것이 눈에 보이고 조금은 불만족스럽고 마음에 안 드는 구석이 자주 발견될지라도 "나는 내가 정말 좋다!" 이렇게 말입니다. 이 주문은 마치 마법처럼 당신이 자신을 좋아하게 만들어줄 것입니다. ❀

당신은 당신이 좋습니까? 왜 좋습니까? 무슨 이유 때문에 좋아합니까? 당신 자신이 가지고 있는 멋진 이유들 때문이 아니라, 당신의 존재 그 자체를 좋아해야 합니다. 지금 자신을 향해 외쳐봅시다. "나는 내가 정말 좋다!"

208

허기를 채우다

●

허기 진 상태로 명동 길을 걸었습니다.

음식점 간판만 눈에 가득 들어옵니다.

이것저것 음식 욕심이 가득합니다.

돈가스로 배를 채운 후,

사람도 보이고 풍경도 두루 눈에 들어옵니다.

가끔은 파마도 하고 머리를 자르기 위해
명동으로 나설 때가 있습니다. 오늘도 점심 무렵에 명동에 들어섰
습니다. 약속시간 맞춰 미용실 들러 머리 다듬고 다시 거리로 나
서니 3시가 다 되었습니다. 아침도 안 먹고 이제까지 있었으니 뱃
속이 텅비어 허기가 가득합니다. 머릿속은 온통 먹을거리로 채워
지고 눈에는 음식점 간판만 가득 들어옵니다. 칼국수도 먹고 싶
고, 충무김밥도 먹고 싶고, 베트남 쌀국수도 눈앞에 아른거립니
다. 눈앞에는 안보이지만 두 골목 지나 육쌈냉면집도 가고 싶고,
한 블록 더 가서 코너를 돌면 나오는 명동 돈가스도 눈앞에 아른
거립니다.

페이스북과 카스를 통해 사람들에게 제 소식을 전합니다. 지금
명동에 있는데 무얼 먹으면 좋겠냐고 신호를 보내니 즉각 반응이
옵니다. 칼국수 팀도 있고, 쌀국수 팀도 있고, 돈가스 팀도 있고,
김밥 팀도 있고 참 다양한 의견을 주십니다. 그리고 여전히 갈팡

질팡하는 생각을 정리하려고 머리를 굴립니다. 먹는 것 외에는 다른 생각을 할 겨를이 없습니다. 결국 명동 돈가스에 들어가서 타원형 주방 원탁에 앉아 코돈부르 한 접시를 주문하고 나서야 모든 번뇌가 사라집니다. 오직 코돈부르의 맛을 기대하며 앉아 기다립니다.

돈가스 한 접시를 맛있게 먹고 음식점을 나왔습니다. 눈앞에 사람들이 가득합니다. 이것저것 파는 사람, 예수 천국을 외치는 사람, 화장품 구매를 권유하는 사람, 이것저것 구경하면서 흥정하는 사람, 영화관 앞에 길게 늘어선 사람들, 웃고 떠드는 사람, 묵묵히 자기 갈 길을 가는 사람, 그 앞을 천천히 걸어갑니다. 모든 것들이 보이기 시작합니다. 오늘 저는 알았습니다. 배고픈 허기 앞에서는 온갖 음식들이 저를 유혹하여 무얼 먹을까 고민하게 만들더니, 배불리 먹고 나니 그 많은 음식의 유혹이 안개처럼 사라집니다.

오늘 다시 깨닫습니다. 배고픔이 심해지면 먹을 것들만 눈에 들어오는 것처럼, 우리의 마음도 허기가 느껴지면 무언가로 채우려는 욕심이 슬그머니 올라온다는 것을 말입니다.

욕심 말고 꿈으로 마음을 가득 채워야겠습니다. ✿

당신 생각

머릿속이 복잡합니까? 해야 할 일이 너무 많아 고민입니까? '이것도 저
것도 놓칠 수는 없고, 모든 것을 다할 수 있다면 정말 좋겠다.'라는 생각
이 듭니까? 그렇다면 지금 당신은 욕심이 가득 차 마음이 허기진 상태일
지도 모릅니다. 밥 한 끼로 배고픔을 해결하면 음식 욕심이 사라지는 것
처럼 지금 당신의 마음에 꿈을 가득 채우십시오. 꿈이 가득하면 당신의
욕심은 사라집니다.

드라마 주인공이 부러워 검사 꿈을 가진 아이

위인전을 읽다가 과학자, 의사 꿈을 가진 아이

연설에 감동해 성공한 대표를 꿈꾸는 아이

먼저 너 자신 찾기 전에는 제발 꿈꾸지 마라.

강의하면서 만나는 아이들에게 꿈을 자주 물어봅니다. 나이가 어린 초등학생일수록 자신의 꿈을 자신 있게 잘 말합니다. 의사, 변호사, 판사, 교수, 선생님, 유엔 사무총장, 발명가, 과학자, 박사, 감독, 가수 등 아주 멋진 꿈들을 끝없이 쏟아냅니다. 하루 종일이라도 그렇게 꿈을 이야기할 기세입니다. 그렇게 꿈을 이야기하는 아이들이 어쩌면 그렇게 의젓하고 어른스러운지 모르겠습니다. 제 눈에도 그렇게 보이는데, 부모님들 눈에는 얼마나 사랑스럽고 예쁘겠습니까.

　　아이들의 꿈 이야기는 중학교와 고등학교를 거치면서 서서히 줄어들고, 꿈을 말하는 것에 대해 자신 없어 하고, 심지어는 꿈 이야기를 거부하는 아이가 더 많아집니다. '없어요'라는 꿈을 가진 아이도 있고 '우주정복'의 꿈을 가진 아이도 있습니다. 대학에서 청년들에게 꿈을 물어보면 그 꿈은 매우 불안한 현실로 돌아옵니다. 공무원이나 회사원이 꿈이 됩니다.

자라면서 현실적인 목표를 갖는 것은 참 좋은 일입니다. 그렇게라도 꿈과 목표가 다시 생기니 참 다행입니다. 그런데 돌이켜 생각해 보면 아이들이 얼마나 힘들었을까요? 어릴 적 꿈꾸던 그 꿈과는 너무도 거리가 먼 현실의 목표를 정하면서 또 얼마나 많은 낙심과 절망을 했을까요? 우리의 아이들이 겪었을 좌절감을 생각하면저는 안타까움을 금할 수가 없습니다. 왜 아이들은 어려서부터 꾸던 꿈을 시간이 흐르면서 잃어버릴까요? 꿈을 잃어버리면서 갖게된 자신에 대한 실망과 낮은 자존감은 또 어떻게 합니까? 이것이모든 아이들이 겪어야 하는 당연한 길일까요?

우리 아이들은 너무 일찍 무엇이 되겠다고 꿈을 정합니다. 아직은 세상도 모르고 자기 자신도 모르면서 빨리 세상을 배우려고 합니다. TV를 보다가 멋진 주인공을 닮으려 합니다. 부모님이 사다주신 위인전을 읽으며 상상 속의 성공을 꿈꾸는 일에 너무 익숙해져 있습니다. 성공한 사람들의 정제된 성공담을 들으면서 아이들은 자신의 미래를 결정합니다. 그러나 현실감 없는 이런 꿈 이야기들은 우리 아이들을 점점 좌절감에 빠져들게 합니다.

그렇게 좌절감을 자주 경험한 아이들은 '실패의 기억'들을 간직한 채 학교와 학원과 집을 오락가락하며 TV와 컴퓨터와 핸드폰으로 도피하게 되고 도전하는 것을 매우 두려워합니다. 실패의 기억이 많아지면 많아질수록 아이들은 좌절하게 되고 자존감이 바닥으로 떨어지게 됩니다. 이런 상태의 아이들에게 부모나 교사는 또다시 비난을 하고 아이들은 더욱 이상한 모습으로 변해 갑니다.

어떻게 해야 할까요? 어떻게 하면 아이들이 정상적으로 움직이게 할 수 있을까요? 아이들이 헛된 꿈을 말하지 않게 해야 합니다. 아이들의 헛된 꿈을 들으며 부모들이 놀아나지 말아야 합니다. 꿈을 꾸는 일은 목표를 세우는 것보다 자신의 가치를 발견하는 일에서 시작하게 해야 합니다. 먼저 아이들의 장점과 강점을 찾아주기 위해 즐거운 일을 하게 해야 합니다. 그 일이 비록 부모의 마음에 들지 않더라도 시도해야 합니다. 그렇게 자신을 발견하고 난 뒤에 꿈을 꾸게 해도 결코 늦지 않습니다. ✿

당신은 자녀의 꿈을 지지합니까? 멋진 부모입니다. 그러나 아이의 꿈이 너무 목적 지향적이라면 부모가 좋아해서는 안 됩니다. 아이가 그것 때문에 좌절할 수도 있기 때문입니다. 당신의 자녀는 지금 스스로 재미있는 일을 하고 있습니까? 재미있는 일을 할 때 성공할 수 있습니다.

210

말보다
마음이 먼저

●

아이가 이어폰을 꽂고 음악에 빠져듭니다.

아빠는 아이의 그런 행동이 못마땅합니다.

아빠의 한바탕 잔소리가 시작되려 합니다.

아이는 이어폰 한쪽을 아빠 귀에 꽂아줍니다.

아빠와 아이는 어느새 함께 춤을 춥니다.

쉬는 날 아이와 하루 종일 집에 있다 보면 눈에 거슬리는 일이 참 많습니다. 아침 일찍 일어나 씻고 함께 식사하며 이런저런 이야기도 나누고 싶습니다. 요즘 어떠냐고 묻는 아빠의 질문에 조곤조곤 대답하고 친구처럼 이야기를 나누면 참 좋겠습니다. 식사 후에는 얼른 일어나 책상으로 돌아가 공부도 하고, 시간을 효율적으로 사용했으면 참 좋겠다는 생각이 듭니다.

그런데 아이는 아빠의 바람과는 전혀 다른 모습으로 지냅니다. 휴일이라고 늦게까지 잠을 잡니다. 점심 때나 일어나서는 소파에 몸을 누이고 핸드폰을 만지작거립니다. 씻고 밥 먹으라는 잔소리를 듣고서야 잔뜩 인상을 구긴 채로 억지로 일어납니다. 대충 씻고 나와 말 한마디 없이 밥은 먹는 둥 마는 둥 시선은 온전히 TV에 꽂혀 있습니다. 밥을 다 먹고도 TV 보는 일은 계속 됩니다. TV만 보는 것도 아닙니다. 한 손엔 핸드폰을 들고 누군가와 문자를 나누거나 게임을 합니다. 참다못해 TV 좀 그만 보라고 잔소리를 늘어놓으면, 슬쩍 일어나서 컴퓨터 앞으로 자리를 옮깁니다. 눈치가 없습니다. 공부까지는 바라지도 않습니다. 그냥 다정하게 대화라도 조금 하면 좋겠는데 아이는 TV와 컴퓨터와 핸드폰과 MP3를 순회하며 가족과 나누는 이야기에는 관심도 없습니다.

아빠 입장에서 이런 아이를 보면 참 답답하고 한심스럽고, 울화가 치밀어 오릅니다. 그런데 입장을 바꾸어 생각해 봅시다. 아이 입장에서 바라보는 아빠의 모습은 아이의 마음에 들까요? 쉬는 날도 어김없이 아침부터 감시의 눈길로 바라보며 사사건건 잔소리를 하고, 하루 종일 TV를 보거나 자기 일에 빠져 있는 아빠. 할 말도 별로 없는데 말을 자꾸 시키고, 아이가 하고 싶은 이야기를 시작하면 쓸데없는 이야기라고 무시하거나 아빠의 뜻대로 설득하려는 아빠. 요즘 세대들이 하는 머리를 하고 옷을 입으면 지저분하고 더럽다고 표현하는 아빠. 아이들이 좋아하는 요즘 음악도 듣고 친구들과 이야기라도 하면 이해가 안 된다는 표정을 지으며 한심하게만 바라보는 아빠. 매일 돈 들여가며 어쩌면 그렇게 쓸데없는 짓을 하는지 모르겠다고 사설을 늘어놓는 아빠에게 아이들이 이야기하고 싶겠습니까? 이야기의 결론은 언제나 아빠가 옳고 아이는 틀렸다고 하는데 아이가 어떤 이야기를 하고 싶겠습니까?

아이를 설득하고 훈계하려 하기보다는 아이와 같은 취미를 갖는 것은 어떨까요? 아이가 듣는 음악도 들어 보고, 아이가 입는 옷도 입어 보고, 아이와 함께 게임도 하고, 아이가 노는 모습을 이해하기 위해 노력하면 아이와 좀 더 가까워질 것입니다. 가끔은 아빠가 하는 일도 보여 주고, 아빠가 힘들게 일하는 모습도 보여 주고, 자랑스러운 모습도 보여 주면 아이가 조금씩 아빠에게 마음을 열 것입니다. 아이에게 원하는 것을 먼저 말하기보다는 노력하는 아빠의 모습을 먼저 보여 주고, 아이에게 꿈을 가지라고 말하기 전에 아빠의 꿈에 대해 이야기도 하고 보여 주는 것이 더 좋습니다. 아이와 함께 놀기도 하고 아이를 이해해 주고 아이와 충분히 가까워졌을 때 옳은 것에 대해, 꿈에 대해 아빠의 생각을 전해 주는 것이 좋습니다.

아이를 변화시킬 수 있는 가장 좋은 방법은 아이에게 친구가 되어주는 것입니다. ✿

당신 생각

아이의 행동이 마음에 들지 않나요? 아이가 좀 바르게 생활했으면 하는 마음인가요? 너무 게임에 열중하거나 핸드폰에 매여 있는 아이 때문에 걱정되나요? 이럴 때는 아이의 행동을 지적하기보다는 아이가 좋아하는 것들을 함께해 보는 게 좋습니다. 아이가 이해받고 있다는 생각이 들면 마음을 열게 되고 아빠의 제안에 귀 기울이게 될 것입니다.

지금 아이에게 이렇게 말해 보세요. "그 노래 제목은 뭐니? 아빠도 좀 배울 수 있을까? 노래 파일 하나만 보내 주겠니? 그 게임은 어떻게 하는 거야? 아빠랑 대결해 볼까?"

211

성공보다
행복

일등 하는 공부법이 인기 짱입니다.

최고가 되는 자기계발서가 많이 팔립니다.

성공을 위해 사람들은 달려가지만.

성공이 사람의 전부는 아닙니다.

성공도 좋지만 행복해야 합니다.

입시철만 되면 각 대학에서 주최하는 입학설명회는 모여든 학부모와 학생들로 장사진을 이룹니다. 매년 학기 초만 되면 각 학원에서 개최하는 학습비법을 듣기 위해 온 나라의 학생과 학부모가 몰려듭니다. 자녀 두세 명을 좋은 대학에 보낸 학부모가 명강사 대열에 오르내리고, 한 집안에서 고시 합격자를 많이 배출했다고 집안의 특별한 학습법 공개강좌에 사람들이 몰려드는 세상입니다.

서점에서 가장 잘 팔리는 베스트셀러 목록은 자기계발서로 채워지고 지하철이나 버스를 타면 책 읽는 사람 대부분 다양한 성공 관련 자기계발서를 읽느라 여념이 없습니다. 여기저기서 개최되는 특강도 성공에 대한 주제가 주를 이루고, 특강 내용도 강사의 특별한 이력과 성공을 내세워 사람들의 비전과 목표를 위한 몰입과 열정을 강조하는 이야기들이 대부분입니다.

입시의 성공이나 인생의 성공이 우리에게는 너무 매력적인 이야기여서 강의를 듣는 동안 강의하는 그 사람이 존경스럽고 목표에 도달한 사람들이 부럽기만 합니다. 그래서 많은 사람들은 수십만 원에서 수백만 원하는 수강료를 기꺼이 지불하면서 여기저기 좋은 강의를 찾아다닙니다. 그들의 수첩은 훌륭한 말과 명언들로 빼곡히 채워집니다. 어떻게든 노하우를 배워서 자신의 삶에 적용시켜 자신도 성공하고 싶은 것이 우리의 마음입니다.

그러나 모든 사람이 성공의 대열에 동참하게 되는 것은 아닙니다. 많은 사람들이 성공을 향해 자신의 삶과 시간과 전부를 내던지지만 우리가 말하는 성공에 도달하는 사람은 그리 많지 않습니다. 그래서 더 많은 사람들이 남들의 성공을 부러워하며 자신을 실패자로 인정해 버립니다. 성공한 소수의 사람들이 행복한지는 제가 아직 성공을 경험하지 못했기 때문에 그 여부를 알 수가 없으나, 성공을 목표로 내달리던 대부분의 실패자들이 불행하게 살아가는 것을 저는 보았습니다. 그리고 제가 만난 많은 사람들 중에 나름대로 성공을 이루었다고 하는 사람들도 그리 행복해 보이지는 않습니다. 여전히 만족하지 못한 채 허기를 채우려는 승냥이의 모습으로 도전하고 도전하는 모습이 안쓰러울 때도 많습니다.

우리는 살아가면서 대부분 성공을 이야기하지만, 성공 이후에는 누구나 행복을 이야기하고 싶어 합니다. 결국 성공은 우리의 목적이 아니고 성공 뒤에 찾아오는 행복이 진정으로 우리가 바라는 것입니다. 그렇다면 우리는 성공에 대한 개념을 바꾸어야 할 것입니다. 무엇이 되는 것이 성공이 아니라, 그 무엇이 되기 전에도 우리가 하고 있는 그 일들이 모두 성공입니다. 그리고 우리는 그 과정에서 행복해야 합니다. 성공한 그 무엇이 되기 위해 사는 것보다는 지금 우리가 열심히 일하고 살아가는 모든 것이 행복한 성공이어야 합니다.

당신의 아침이 성공이어야 하고 당신의 식사가 성공이어야 하고 당신의 출근이 성공이어야 하며 당신의 인사가 성공이어야 합니다. 당신의 호흡이 성공이어야 하며 당신의 걸음이 성공이어야 하고 당신의 미소가 성공이어야 합니다. 이렇게 작은 성공을 늘 경험하면 작은 행복을 누리게 될 것이고 그 작은 행복들이 모여 당신의 인생을 행복으로 이끌어갈 것입니다. ❁

당신은 무엇을 위해서 열심히 살아갑니까? 목표를 위해 열심히 살아가는 당신은 지금 행복합니까? 정말 당신이 목표한 그곳에 도착하면 당신은 행복할 자신이 있습니까? 무엇보다 중요한 것은 당신이 무엇이 되었을 때나, 무엇을 이루기 위해 열심히 살아가는 이 시간에 당신은 행복해야 한다는 사실입니다.

●

높아지려면 어디까지 올라야 하나?

출세하려면 얼마만큼 가야 하나?

부자가 되려면 어느 정도 벌어야 하나?

무언가 되기 위해 살아가도 좋지만,

무엇을 하며 사느냐가 훨씬 중요해.

차라리 꿈꾸지 마라

강의를 하는 사람으로서 요즘처럼 강사 초대를 많이 받으면 기분이 참 좋습니다. 강사에게 강의가 많다는 것은 그만큼 인정받고 있다는 증표가 되니까요. 강사가 강의 횟수를 늘려가는 것은 수익도 좋아지고, 유명세와도 직결되므로 많은 강의를 해야겠다는 생각으로 무조건 일정을 조정하면서 강의를 수락했던 적이 있었습니다. 그러나 요즘은 많은 강의 초대를 모두 수락하지는 않습니다. 제게 강의를 하는 원칙이 있습니다. 첫째, 그 강의가 제가 잘할 수 있는 강의인지를 먼저 고려합니다. 강의를 하는 제가 자신 있게 강의할 수 있는 분야일 때 강의를 성공적으로 하게 됩니다. 둘째, 강의를 위한 내 일정이 바쁘지 않아야 한다는 것입니다. 시간의 여유 없이 급하게 다니지 않으려고 합니다. 셋째, 제 가치를 인정해 주는 곳이어야 합니다. 이것은 강의료와도 연관이 있기는 하지만 꼭 강의료만의 문제는 아닙니다.

이런 원칙을 세우고 나니 사실 예전보다 강의 건수가 줄어들었습니다. 더불어 수익도 약간은 줄었습니다. 그래서 원칙을 무너뜨

릴까를 고민한 적도 있습니다. 강의를 많이 하면 수익도 늘고 유명강사로 인정도 받고 강연기술도 좋아질 테니까요. 어쩌면 욕심일 수 있겠다는 생각입니다. 사실 이런 욕심은 저만의 것은 아닙니다. 자기 일을 사랑하는 사람들은 모두 이런 욕심을 갖게 됩니다. 수많은 강사들과 의사, 변호사, 교수, 전문직, 영업하는 분 모두는 자기 분야에서 더 많은 건수를 올리고, 더 유명해지고 싶은 욕심을 갖는 게 당연합니다. 그 욕심을 우리는 열정이라 부르기도 합니다.

열정이 있는 사람이 자기 분야에서 더 성공을 거둘 수 있는 것은 분명합니다. 강의를 하는 제가 그런 욕심을 갖는 것도 어쩌면 당연한 일입니다.

그렇지만 저는 원칙을 고수하려 합니다. 원래 강의를 시작한 것은 유명해지기 위해서 시작한 것이 아니라 강의하는 순간이 제게 기쁨이 되기 때문에 시작한 것입니다. 매번 하는 강의에 스스로도 감동하고, 강의 내용에 깊이 공감하고 늘 응원으로 함께해 주시는 수많은 청중들을 만나는 것이 기쁨이기에 강의하는 일이 더 의미가 있습니다.

성과를 기대하고 어떤 일을 하기보다 하는 일이 즐거워서 하다 보니 얻는 성과가 훨씬 의미 있습니다. ❁

당신은 지금 하는 일에서 행복을 느낍니까? 혹시 원하는 것을 얻기 위해
억지로 그 일을 하고 있습니까? 그렇다면 우리는 영원히 우리가 원하는
그 무엇이 될 수 없고, 행복은 너무 멀어집니다. 지금 당신이 가고 있는
그 길에서, 지금 당신이 하고 있는 그 일에서 행복해야 합니다.

삶

이젠…
성공도 좋지만 행복한 사람
최선도 좋지만 적당한 행동
경쟁도 좋지만 협동하는
몰입도 좋지만 관조하는
빠름도 좋지만 느림도 함께
열심도 좋지만 쉼도 있고
완벽도 좋지만 조금 부족한
쌓음도 좋지만 나눔도 있고
사치도 좋지만 가치도 아는
…그런 삶

어떻게 살 것인가?

요즘 어떻게 살고 있습니까? 바쁘게 살고 있습니까? 정말 행복합니까?

일이 많은 사람은 일이 많은 대로 또 일이 없는 사람은 없는 대로 바쁘게 살아갑니다. 바쁘다는 것은 참 좋은 일인 것 같습니다. 가능하면 그 바쁨이 성과로 이어진다면 더욱 좋겠습니다. 아무튼 사람들은 대부분 바쁘게 살아갑니다. 직장에서 가정에서 똑같은 일상 속에서 일주일 내내 바쁘게 살아가다가 주말에 좀 쉬어야 하는데 주말마저도 이런 저런 일로 바쁘게 보냅니다. 레저모임에 가서도 바쁘고, 종교생활을 해도 바쁘고, 아이들과 놀아주는 일도 바쁘고, 또 어떤 사람은 주말에도 일의 연장선에서 움직이며 바쁘게 살아갑니다. 그래서 스트레스를 받는 모습을 종종 볼 수 있습니다.

왜 사람들은 스트레스를 받으면서도 바쁘게 살아갑니까?

아마도 어떤 성과OUT-PUT을 얻기 위함일 것입니다. 각자가 원하는 OUT-PUT은 다르겠지만 모두에게는 원하는 OUT-PUT이 있습니다. 그래서 지금 우리는 바쁘게 또는 부지런히 IN-PUT을 하고 있는 것입니다. 결국 미래에 얻어질 OUT-PUT은 현재 우리의 IN-PUT에 달려있기 때문에 열심히 IN-PUT하며 살아가고 있는 것입니다. 우리 속담에도 있습니다. '콩 심은 데 콩 나고 팥 심은 데 팥 나오며, 가는 말이 고와야 오는 말이 곱다.'처럼 IN-PUT과 OUT-PUT의 관계는 매우 정직하기 때문에 좋은 OUT-PUT을 원하는 우리들은 열심히 바쁘게 IN-PUT을 하고 있는 겁니다.

그렇다면 인생을 살아가면서 우리가 정말 원하는 OUT-PUT은 어떤 것입니까? 막연하기는 하지만 아마도 '행복한 성공'이라고 말할 수 있을 것 같습니다. 그렇다면 '행복한 성공'을 얻기 위해 무엇을 IN-PUT해야 합니까? 콩 심은 데 콩 난다고 했으니 행복을 얻으려면 행복을 IN-PUT해야 하는 것 아니겠습니까? 행복한 삶을 위해 우리는 균형 잡힌 행복을 IN-PUT을 해야 합니다.

우리가 살아가는 우주 세계는 균형의 법칙에 의해 세워졌고 유지되고 있습니다. 사물이 제대로 기능하기 위해서는 균형이 잡혀야 합니다. 지구가 공전할 때 흔들리지 않는 것은 지구가 지축을 중심으로 균형을 잡고 있기 때문입니다. 우리가 얼어 죽거나 태양에 타서 죽지 않는 이유도 우리가 태양으로부터 아주 적당한 거리에 위치하고 있기 때문입니다. 자연은 생태계가 균형을 유지할 때 존재합니다. 먹이사슬이 질서 있게 유지되어야 자연은 존재할 수 있습니다. 건축물을 지을 때에도 건물의 균형에 가장 큰 역점을 두어야 합니다. 인간의 육체도 균형이 잡혀 있을 때 제대로 작동합니다. 불균형을 "질병"이라 부르고 균형을 다시 찾는 것을 "치유"라고 합니다.

세상에 가장 흔한 문제 중의 하나는 사람들이 균형을 잃어버린 삶을 산다는 것입니다. 공부에 너무 열중하다 보면 건강이 문제가 됩니다. 미래에 대해서만 관심을 갖게 되면 현재의 행복을 무시하게 됩니다. 나만을 생각하다 보면 친구를 잃게 됩니다. 친구만 생각하다 보면 나를 잃어버리기도 합니다. 우리는 여러 가지 것에 균형을 잃을 수 있습니다. 일하는 것, 먹는 것, 잠자는 것, 그리고 텔레비전 시청과 컴퓨터, 운동에 이르기까지 말입니다.

건강한 리더로 성장하기 위해서는 여러 부분에서 균형을 이루는 것이 매우 중요합니다. 바람직한 삶을 살기 위해 우리의 삶에서도 여러 가지 덕목이 균형을 유지해야 합니다. 특히 올바른 자신의 관리를 위해서는 균형 유지가 꼭 필요합니다. 지적, 육체적, 도덕적 또는 경제적으로 균형 잡힌 삶을 유지할 수 없으면, 바람직한 삶을 살기가 어렵습니다. 우리 주변에서 균형 잡힌 삶을 살지 못해 실패하고 사람들에게 안타까움을 주는 사례들이 많습니다. 줄기세포 연구 조작으로 한동안 사회에 문제를 일으켰던 일, 노인과 여인 19명을 살해한 살인범 이야기, 지나친 성적 경쟁 때문에 자살하거나 살인을 하는 학생 등 지우고 싶은 이야기들은 대부분 균형이 깨졌을 때 나타나는 사례들입니다. 가끔씩 유명한 배우나 가수가 우울증을 이기지 못하고 자살하거나 공황장애에 시달린다는 이야기를 들을 때마다 우리는 안타까움을 금치 못합니다. 삶의 균형이 깨어질 때 행복한 삶, 바람직한 삶을 살 수가 없습니다. 아무리 큰 능력을 갖춘 사람이라도 덕목 간에 균형을 이루지 못한다면 심각한 문제를 갖게 됩니다.

2006년 "일하지 않고 살 수 있는 재산을 아이들에게 물려주는 것은 반사회적인 일"이라며, 세계적인 부자 워렌 버핏Warren Buffett이 한화로 37조원에 달하는 자신의 재산 대부분을 5개의 사회사업재단에 기부했습니다. 그는 성공에 대해 다음과 같이 구분하고 그 삶의 모범을 보여 주었습니다.

1) 정직성과 직업윤리. 2) 성실성, 열정, 지적 능력. 3) 자신의 개인적 명성. 4) 규율과 노력. 5) 남들을 존중하는 태도. 6) 좋은 습관과 유머감각 유지. 7) 일을 즐기는 사람들을 자신의 주위에 두기. 8) 자신의 성공이 행운 탓이었다고 생각하기. 9) 자신의 취

미에 시간을 투자하기. 10) 평생을 가는 우정 쌓기. 11) 사회에 공헌할 수 있는 자녀를 양육하기. 12) 사회에 재산 환원을 할 수 있는 지위에 있기.

행복은 이렇게 균형을 유지하며 살아갈 때 얻을 수 있는 감정입니다. 행복한 삶을 원한다면 IN PUT도 OUT PUT도 균형을 이루는 것이 필요합니다. 어느 한 가지만 뛰어나기보다는 모든 면에서 부족함 없이 균형을 이루는 것이 더 행복한 삶입니다.

행복하고 균형 잡힌 OUT PUT을 위해서 지금 균형 잡힌 IN PUT을 해야 합니다. ❀

_____년 후를 위한 1년 관리 프로그램

당신은 당신의 미래를 상상할 수 있어야 합니다. 몇 년 후가 되든지 당신은 당신의 미래를 구체적으로 그려야 합니다. 경제적으로 사회적으로 지적으로 도덕적으로 어떤 모습의 미래를 갖기 원하는지 구체적으로 기록할수록 미래는 더 명확하게 다가올 수 있습니다. 또한 그 미래를 위해 올해 어떤 일을 해야 할지 구체적인 행동을 정할 수 있을 것입니다.

덕목	_____년 후의 원하는 상태	_____년 내가 (시작) 해야 할 일
지적성장		
사회적 위치		
건강		
경제적		

성공을 위한 시간 관리하기

시간을 바쁘게 사용하는 것이 무조건 좋은 것은 아닙니다. 그렇지만 미래를 위해 하루에 한두 시간을 의미 있는 일에 투자하고, 오랜 시간 동안 지속하는 것은 매우 중요하고 의미 있는 일입니다. 많은 시간을 충분히 휴식하며 흘려보낸다고 하더라도 매일매일 해야 할 일을 정해 놓고 꾸준히 실천하는 것은 미래를 건강하게 준비하는 것입니다.

＿＿＿＿＿＿＿＿의 시간관리 계명

1. 知(지식)

2. 德(덕성)

3. 體(체력, 건강)

4. 來(미래)

5. 遊(놀이)

소원
그만 쌓기

●

돌탑을 쌓습니다. 높이 쌓습니다.

건강과 재물 소원 빌며 높이 더 높이.

어깨가 아파서 병원 진료를 받습니다.

복을 비는 돌탑을 쌓다가

몸이 아파 병원비와 약값만 나갔습니다.

늦은 가을 아내와 함께 백담사로 단풍구경을 갔습니다. 이곳을 찾은 수많은 사람들이 쌓은 돌탑이 계곡을 가득 채우고 있습니다. 돌탑 하나하나에는 누군가의 간절한 소원들이 담겨 있을 것입니다. 돌탑을 정성스럽게 쌓아올린 모든 사람들의 그 많은 소원들이 다 이루어지면 좋겠다는 생각을 했습니다. 그러고는 저의 소원을 하나 더하기 위해 작은 돌탑을 쌓기 시작합니다. 저를 포함한 가족 모두의 건강과 안녕을 소원합니다. 여유 있는 생활을 위해 벌이가 조금 더 나아지기를 소원합니다. 계속 하나만 더, 하나만 더 소원을 빌며 돌탑을 쌓다 보니 무리를 했나 봅니다. 어깨가 저립니다. 평소 좋지 않던 목뼈의 상태가 악화된 모양입니다. 병원 치료를 받느라 며칠 동안 시간과 돈을 들여야만 했습니다.

수많은 돌탑을 쌓은 많은 사람들에게도 다양한 소원이 있었을 것입니다. 자녀들이 건강하게 잘 자라나길 비는 마음. 자녀들의 진로가 형통하게 열리고 복 받기를 바라는 마음. 남편 또는 아내가 건강하고 성실하며 경제적으로 윤택하고 쭉쭉 성장하기를 바라는 마음. 더 큰 집과 더 큰 차와 더 빛나는 이름을 갖기 위한 각자의 소원들이 저 무수한 돌탑 하나하나에 쌓여 있을 것입니다. 소원 쌓는 일은 참 신나는 일입니다. 그렇지만 소원을 쌓는 일도 계속되면 욕심이 됩니다. 그 욕심은 자신을 상하게도 할 수 있습니다.

몇 해 전, 저는 현재 수익보다 월 100만 원만 더 벌면 좋겠다는 소원을 가진 적이 있었습니다. 그리고 그 소원을 이루기 위해 밤낮으로 일을 하면서 지냈습니다. 몇 년이 지나 그 소원을 이루었습니다. 그런데 그 소원이 이루어지자 그보다 더 많은 수익을 원하는 소원이 생겨납니다. 계속되는 소원은 끝이 없고, 그 소원을 따라 살다가는 너무 힘들겠다는 생각을 하게 되었습니다. 작은 소원들은 언제부터인가 소원이 아닌 욕심이 되어 있었던 것입니다. 욕심은 절대 멈추어지지 않는 것입니다. 그러면서 생각했습니다. '소원에도 적당한 한계가 필요한 것을. 한계를 정해 놓지 않으면 소원이 욕심이 되어 결코 행복할 여유가 없다는 것을.' ❁

당신은 마음에 어떤 소원의 탑을 쌓고 있습니까? 그 소원의 탑이 너무 높아 당신을 불행하게 하지는 않습니까? 지금, 소원하고 있는 일이 있습니까? 그 소원을 적고 그 소원에 대한 당신만의 한계를 미리 정해 보십시오.

이런 아이 좋습니다

•

값비싼 명품 걸친 사람 말고, 명품인 사람

자기 자랑하는 사람 말고, 사랑하는 사람

얼굴 찌푸린 사람 말고, 언제나 환하게 웃는 사람

허황된 꿈을 꾸는 사람보다 예쁜 꿈을 가진 사람

우리 아이들이 그런 사람이 되길 원합니다.

내가 먼저 그런 사람이 되어야 합니다.

아이를 키우는 부모로서 아이들을 바라 보면 마음에 들지 않을 때가 많습니다. 그 모습에 자꾸 잔소리를 하게 됩니다. 참으려고 무단히 애를 써보지만 올바른 모습으로 자라나길 바라는 마음에서 하는 잔소리가 멈출 줄을 모릅니다. 멋낸 다고 교복 줄여 입고, 염색을 고집하고, 파마까지 하겠다고 떼를 쓰는 모습에 더는 참을 수 없어 겉모습에 신경쓰지 말고 할일이나 제대로 하라고 잔소리를 합니다.

어른들은 아이들이 겉모습을 위해 살기보다는 내면을 예쁘게 꾸미며 살기를 바랍니다. 별 것도 아닌 자신을 내세우며 건방을 떠는 아이보다는 진지하게 살아가는 사람이 되기를 바라는 마음 에서 잔소리를 합니다. 얼굴이 무표정하거나 무뚝뚝하고 고집스 러워 보일 때도 한마디합니다. 상냥한 목소리, 부드러운 표정으 로 사람을 대할 것을 가르칩니다. 스스로 자기의 일을 잘하지 못 하는 아이에게는 꿈을 가져보라고 목소리를 높이기도 합니다. 모든 잔소리는 부모로서 아이의 미래를 걱정해서 하는 사랑의 핀잔입니다.

그런데 가만히 어른들의 삶을 보면 훈계하고 가르치는 것과는 다르게 살고 있음을 발견합니다. 아이에게는 명품이 되라 하면서 어른들은 명품으로 치장하기 바쁘고, 아이에게는 사랑의 마음을 품으라고 말하면서 우리는 있는 것을 자랑하느라 바쁩니다. 별 것도 없으면서 사람들 앞에 자신의 부와 권세와 높음을 보여 주기 위해 허망한 것들을 자랑합니다. 아이에게는 밝은 얼굴을 강조하면서도 정작 우리의 얼굴은 표정마저 없어졌습니다. 아이에게 꿈을 가지라 말하지만 우리에게는 구체적인 꿈이 없습니다.

아이가 꿈을 가지고 멋지게 성장하기를 바란다면, 아이에게 말할 것이 아니라 먼저 자신에게 이야기해야 합니다. 우리 어른은 아이들의 거울이라서 우리를 통해 자신을 만들어갑니다. 꿈이 있는 부모를 보면서 꿈을 만들고, 환한 아빠의 미소를 보면서 상냥한 얼굴을 하고, 그 자체가 멋진 부모의 모습을 보면서 사랑하는 마음을 갖게 됩니다. 아이들이 꿈을 가지고 멋지게 커 나가길 기대한다면, 먼저 자신의 모습을 멋지게 만들어야 합니다. ❀

당신은 아이가 어떤 모습으로 자라게 하고 싶습니까? 아이는 당신을 보면서 당신을 닮아갑니다. 내 앞에 있는 마음에 들지 않은 아이에게서 어쩌면 당신의 모습을 발견했을 수도 있을 겁니다. 아이가 바뀌길 원하면 먼저 당신이 변해야 합니다. 당신이 아이의 거울이기 때문입니다. 지금 마음에 들지 않는 아이의 모습을 모두 적으십시오. 그리고 자신을 살펴보십시오. 아이의 모습 속에서 당신의 모습을 발견할 수 있을 것입니다.

아빠는 아이가 행복하면 좋겠답니다.

아빠에게 행복이 뭐냐고 물었습니다.

아빠는 행복을 설명하지 못했습니다.

행복을 알아야 행복으로 안내합니다.

자녀를 키우는 부모는 누구나 자기의 아이가 성공하길 바랍니다. 또한 아이가 행복하게 살아가길 바랍니다. 그런 바람으로 아이에게 훈계도 하고 야단도 치고 때로는 매를 대기도 하며 잔소리를 퍼붓기도 합니다. 사실 따지고 보면 이런 야단이나 잔소리는 부모가 주는 아이에 대한 사랑입니다. 아이들이 그것을 몰라주니까 답답하고 속이 상합니다. 당장 서운한 것만 알지 잔소리 안에 들어 있는 부모의 짠한 마음을 아이들이 몰라주니 밉기도 하고 야속하기까지 합니다.

　　　자녀들로 인해 속상해 하는 부모들을 자주 만나 이야기하는데 그때마다 저는 조심스럽게 물어봅니다. '아이가 어떻게 되면 좋겠습니까?' 그러면 대부분의 부모님들은 '잘되면 좋겠다.'고 말합니다. 그 부분은 저도 동감합니다. 아이가 잘되길 바라는 게 모든 부모의 마음입니다. 그런데 구체적으로 어떻게 되는 게 잘되는 거냐고 물으면, 대부분은 말끝을 흐립니다. 왜 당연한 것을 물어보느냐는 반응을 합니다. 저는 다시 한 번 물어 봅니다. '정말 아이가 어떻게 되는 게 잘되는 걸까요?'라고. 그러면 대부분은 말이 막힙니다. 구체적으로 아이의 미래에 대해 무엇이 되면 되겠든가, 어떻게 살면 좋겠다는 생각을 해본 적이 없기 때문입니다. 일반적인 생각은 사회에서 성공하고, 돈 많이 벌고, 탄탄한 직장 잡고, 남들 부러워할 만큼 잘 살아주면 된다는 것입니다. 게다가 자식 덕에 부모가 뽐낼 수 있게 된다면 더 바랄 게 없습니다. 때문에 구체적으로 아이의 미래를 이야기하기가 어려운 것입니다.

대부분의 부모들이 아이의 행복은 바라지만 그 행복을 본인이 잘 모릅니다. 본인 역시 자신의 인생에 있어서 무엇이 잘하는 것인지, 무엇이 행복인지를 모르니까 아이에게도 구체적인 방향을 제시할 수 없습니다. 아이의 행복을 바라기 전에 부모가 먼저 행복을 알아야 합니다. 부모가 먼저 행복한 길에 서 있어야 합니다. 그러면 아이들에게 행복을 가르칠 수 있습니다. 자신도 모르는 길을 어떻게 아이들에게 안내할 수가 있겠습니까? 자신이 한번 경험해 보지 못한 행복을 어떻게 아이들에게 알려 줄 수 있겠습니까?

행복은 무엇일까요? 행복은 행복하다고 느끼는 감정입니다. 그렇다면 사람들은 언제 행복한 감정을 느끼게 될까요? 저는 세 가지 감정을 통해 행복을 느낄 수 있다고 생각합니다. 첫째, 짜릿함을 느낄 때 행복합니다. 그러나 짜릿함의 행복은 오래 가지 못합니다. 다시 짜릿한 쾌락을 얻으려면 그 짜릿함의 강도가 더 강해야 하기 때문입니다. 짜릿함만 추구하는 사람들은 오래 행복할 수 없습니다. 둘째, 사람은 즐거움을 느낄 때 행복합니다. 즐거움은 가지고 있는 능력을 이용하여 일을 하고, 헌신하며, 봉사하고 나눌 때 얻을 수 있는 행복입니다. 자신이 가진 능력을 잘 사용해서 보람을 느끼는 즐거움의 행복은 사람을 풍요롭게 만듭니다. 셋째, 편안할 때 행복합니다. 그렇게 충실하게 살다보면 먼 미래에 대한 믿음을 갖게 되고 평안을 얻게 되는데 이 편안함 역시 행복입니다. 저는 사람들이 자신의 가치를 실현시키며 그 가치를 헌신할 때 행복하다고 생각합니다.

아이들 역시 그렇습니다. 아이들이 행복하게 살기 위해서는 자신의 가치를 실현시킬 수 있는 일을 해야 합니다. 행복한 미래를 열어갈 수 있도록 아이가 잘할 수 있는 일이나 즐겁게 할 수 있는 일을 하도록 해야 합니다. ❀

아이의 미래를 구체적으로 생각해 본 적이 있습니까? 부모라고 해서 아
이의 미래를 마음대로 꿈꾸면 안 됩니다. 아이 자신이 꿈꾸는 행복한 미
래가 분명히 있을 테니까요. 부모가 아이의 행복할 것 같은 미래를 설계
하기보다는 자신의 행복을 먼저 찾아야 합니다. 내가 먼저 행복을 알고
그 행복을 아이들에게 이야기한다면, 지금보다 훨씬 여유롭게 아이들과
함께할 수 있을 것입니다. 한번 적어보십시오. 당신은 언제 행복합니까?
만족과 즐거움과 편안함을 누릴 때가 언제입니까? 당신의 행복을 아이
에게 고스란히 물려주고 싶습니까?

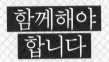

아이에게 말 좀 하라고 소리칠 때

아이는 같이 말하자고 말합니다.

아이에게 나가서 뛰놀라고 할 때

아이는 손잡고 함께 놀자고 합니다.

한겨울 추위가 조금 누그러지자 작은 녀석이 축구공을 꺼내더니 큰놈을 슬쩍 건드립니다. 밖에 나가 공한번 차자는 겁니다. 두세 마디 뭐라 자기들끼리만 아는 신호가 오가더니 두 놈이 키득대며 밖으로 나갑니다. 두 놈이 사이좋게 어울리는 모습이 기뻐서, 우리 부부도 몸을 풀어볼까 하는 마음으로 아내와 함께 줄넘기를 들고 아이들 뒤를 따라 나섰습니다. 아파트 단지 안에 있는 풋살 경기장에서 공을 차는 두 녀석들을 지켜보면서, 곁에서 줄넘기도 하고 스트레칭도 합니다. 그러다가 큰놈은 엄마와 작은놈은 저와 팀을 이루어 잠깐 동안 축구공을 가지고 약식 농구를 했습니다. 서투른 아내와 내 모습을 보며 우리 부부도 아이들도 많이 웃었습니다. 함께하는 시간 동안 많이 웃으며 우리 부부의 마음속에도 아이들의 마음속에도 가족애가 싹트는 것을 느낄 수가 있었습니다.

모든 부모들은 아이들과 즐겁게 어울리며 행복한 가정을 이루고 싶어 합니다. 행복한 가정은 많이 웃는 가정일 것입니다. 부모와 자식이 만나 별스럽지 않은 것들에 대해 이런저런 이야기도 나누고, 가볍게 장난도 치고, 놀기도 하며 웃는 가정이 행복합니다. 그런데 평소 길거리에서 만나는 가족들을 보면 좀처럼 웃음기를 발견할 수 없습니다. 아이들이 어리면 그래도 깔깔거리는 모습이 있는데, 큰 아이들과 함께하는 가족은 그저 무덤덤한 모습입니다.

무덤덤한 가족일수록 부모는 자녀들에게 이것저것 바라는 것이 참 많습니다. 아이가 말없이 무뚝뚝하게 있으면 말을 재촉합니다. 아이가 집안에만 있으면 나가서 뭘 해도 좋으니 아이들과 어울려 놀기라도 하라고 소리칩니다. 저도 아이들에게 바라는 것이 많아 이래라저래라 잔소리를 많이 하는 편입니다. 부모의 잔소리가 틀린 것이 아님을 아이들은 알지만 오히려 말이 줄어들고, 더 움직이지 않습니다. 오늘 운동을 하면서 깨달았습니다. 백 마디 말보다 함께 몸을 움직이며 뒤섞일 때 더 많이 웃게 된다는 것을 말입니다.

잔소리나 굳어진 표정으로 던지는 훈계의 말은 아이들에게 전혀 효과가 없습니다. 그 말이 아이에게 약이 되는 말일지라도 부모의 입 밖으로 나오는 순간 오히려 역효과가 나타납니다. 아이는 이미 오랜 경험으로 알고 있습니다. 부모의 이야기가 틀리지 않는다는 것을. 부모의 이야기를 듣는 것이 옳다는 것을. 하지만 부모의 말씀을 따른다는 것은 곧 자신들이 매우 힘겨워질 것이라는 것도 알고 있습니다. 그래서 부모님의 훈계에 못마땅한 반응을 하는 것입니다. 그럴 때에는 아이와 함께 몸을 부딪치며 어울리는 것이 더 좋습니다. 잘하지 못하고 서툴러도 아이와 함께할 수 있는 놀이를 제안해 보는 것이 좋습니다. 줄넘기라도 좋습니다. 누가 두 번 넘기를 더 잘하는지 내기를 해도 좋습니다. 자식과 내기에서 부모가 지면 어떻고 이기면 어떻습니까? 함께하는 것이 더 중요합니다. 목욕탕에 함께 가 서로의 등을 밀어주면서 자신의 이야기를 해주는 것도 좋습니다. 한번쯤은 부모가 원하는 방식이 아니라, 아이가 원하는 방식으로 함께 놀아주면서 대화를 시작해 보십시오. 자연스럽게 대화하게 될 것입니다. ✿

당신 생각

아이와 어떻게 이야기하고 있습니까? 아이와 함께하지 않으면서 아이만 들볶고 있지는 않습니까? 아이와 얼마나 많은 대화를 합니까? 애써 대화를 시작해 놓고는 결국에는 아이를 설득하거나 훈계만 하고 있지는 않습니까?

305

인정받는 것

●

안녕하세요, 공기택입니다. 말하기 전에

반갑습니다. 공기택 선생님이시죠 하면,

순간 그 사람이 더 멋져 보이고

쑥스럽지만,

왠지 내가 인정받는 사람이 된 듯합니다.

오늘은 새학기 시작을 앞둔 주말이라 모처럼 찜질방에서 아내와 함께 여유를 보내고 있습니다. 쉬면서 새학기를 어떻게 보낼 것인지 이런 저런 준비를 합니다. 무엇보다도 아이들 이름을 외우는 일이 급선무입니다. 다행히도 이번 우리 반 아이들은 모두 35명입니다. 예년보다 적은 인원이어서 한결 마음이 놓입니다. 그런데 저도 이제 나이를 먹은 모양입니다. 35명밖에 안 되는 아이들 이름 외우기가 예년만큼 쉽지 않습니다. 명단을 받고 이틀 동안을 신경쓰다가 오늘에서야 아내의 도움을 받아 두 시간을 집중해 겨우 번호별로 이름을 다 외웠습니다. 휴~ 이제는 아이들의 얼굴을 이름과 연결시키는 일만 남았습니다.

아이들을 만나기 전에 이름을 외웠다가 첫 만남에서 아이의 이름을 불러주는 일은 제가 담임할 때마다 꼭 하는 일입니다. 처음 어색한 얼굴로 교실에 들어서는 아이에게 이름을 불러주면 아이들은 많이 신기해 하면서 내심 마음을 편하게 먹는 것을 볼 수 있습니다. 아이들이 좋아해서 매년 해오던 일이었는데 이번에는 분반이 늦어지는 바람에 이제야 외우게 되었습니다. 이제라도 이름을 다 외웠으니 입학식 날 아이들의 이름을 불러줄 수는 있겠습니다. 참 다행입니다.

첫 만남에서 상대방의 이름을 불러주는 것만큼 기분좋은 일도 없을 것 같습니다. 어색하게 처음 만났는데 상대방이 나의 이름을 미리 알아서 불러준다면 어떤 느낌이 들까요? 아마도 그런 사람을 만나게 된다면 모든 것을 용납하고, 인정하는 마음이 들 것입니다. 처음 본 사람의 이름을 불러준다는 것은 아마도 '내가 너를 잘 알고 있다.' '내가 너를 기대하며 기다렸다.'는 것을 의미할 것 같습니다. 먼저 상대의 이름을 불러준다는 것은 만나는 상대를 존중하는 것이라고 생각합니다. 제가 1년 동안 만나서 함께할 아이들이기에 내가 먼저 아이들의 이름을 외우고 기다리는 것은, 아이를 맞이하는 교사로서 최소한의 성의라고 생각하기 때문입니다. 그렇게 시작한 아이들은 1년 내내 서로에게 믿음을 주게 됩니다. 저는 그래서 아이들의 이름 불러주기를 참 좋아합니다. ✿

사람들을 만나기 전에 내가 만나야 할 사람의 이름을 미리 외워두는 것은 상대방을 행복하게 만들어 주는 일입니다. 내가 먼저 그분의 이름을 알아준다면 그분은 존중받는 느낌을 가지게 될 것이고, 아마도 좋은 관계로 발전할 가능성이 클 것입니다. 당신은 사람들을 만나기 전에 어떤 준비를 합니까?

보기만
하면

•

멀리서 바라보는 산은 오르막 하나라 쉽다 말하나

실제로 오르는 산은 오르막이 많아 힘이 듭니다.

힘들게 땀 흘리며 산꼭대기 오르는 이 시간이

그저 바라보며 기쁨을 꿈꾸는 것보다 더 행복합니다.

주일 오후, 교회에 다녀와서 가벼운 옷 차림으로 가까운 광교산을 오릅니다. 집에서 보이는 산이라 언제든지 마음만 먹으면 갈 수 있을 것이라 생각하면서도 무엇이 그리 바쁜지 자주 오르지 못하고 어쩌다 이렇게 올라갑니다. 제가 워낙 땀 흘리며 움직이는 운동을 그리 좋아하는 편이 아닙니다. 운동은 하지 않으면서 먹는 것을 좋아하니 배는 점점 부풀고, 이제는 건강 걱정도 해야 할 나이라 그런지 요즘에는 산에 가야겠다는 마음을 자주 먹습니다. 여러 차례 마음속으로 벼르다 드디어 오늘 올라갑니다.

늘 곁에 있는 산이라 마음속으로 이렇게 말합니다. '까짓 산 오르는 것이 뭐가 그리 어렵겠어? 내가 산을 안 올라서 그렇지, 저 정도쯤이야 쉽게 올라갈 수 있지.' 그런데 시작부터 장난이 아닙니다. 산자락에서부터 계속 급경사 오르막 길입니다. 평소 얕잡아 보던 마음과는 달리 몸은 벌써 힘들다고 이야기합니다. 숨이 헉헉

차오르고, 몸에서는 땀이 비오듯 쏟아집니다. '언제 오르막이 끝나는 거야. 이 산은 오르막만 있는 거야.' 중얼거리며 뻐근해져 오는 다리를 억지로 옮기며 산에 오릅니다.

우리 삶도 그렇습니다. 다른 사람이 하는 것을 보면, 그리 어렵지 않게 보입니다. 남들이 하는 것을 보면서 자기도 언젠가 마음만 먹으면 충분히 할 수 있을 거라 생각하기도 합니다. 하지만 막상 시작해 보면 어떤 일도 쉬운 일은 없습니다. 고민하게 하고, 힘들게 하고, 가끔은 절망하며 포기하려는 마음을 갖게도 합니다. 마치 산에 오르다가 힘들어 포기하고 싶은 마음이 드는 것처럼, 일할 때도 그런 마음이 들 정도로 어려운 일이 참 많습니다.

그러나 산에 오르는 것처럼 꾸준히 열심히 일한다면, 산 정상에서 누리는 기쁨을 우리가 하고 있는 일에서도 느낄 수 있을 것입니다. 지금은 힘들지만 언젠가 그 수고를 기쁨의 열매로 돌려받게 될 것입니다. ❀

당신 생각

당신은 지금 당신의 꿈을 바라만 보고 있습니까? 아니면 꿈을 향해 힘든 걸음을 옮기고 있습니까? 그 걸음이 지금은 힘들어도 충실한 그 발걸음이 결국 당신을 당신 꿈에 올려놓게 될 것입니다. 매 순간이 어렵고 힘겨워도 가야 하는 것이 당신의 삶입니다.

307

매일
행복하기

●

매일 숨 쉬고 매일 먹고 매일 일하는 게

하루하루 쌓여 긴 인생이 되는 거라면,

숨 쉬고 먹고 일할 때마다 행복하다 말해야

차곡차곡 행복 쌓여 행복한 인생 되겠죠?

아내와 토요일 점심으로 들깨 수제비를 한 그릇 먹으려고 동네 맛집을 찾았습니다. 사이좋은 노부부가 운영하는 집인데 음식이 맛이 있고 깔끔한 집이라 사람들이 제법 많습니다. 토요일 점심이라 그런지 테이블마다 가족 단위 손님들이 많습니다.

옆 테이블에는 딸과 사위를 거느린 60대 중반 쯤의 노부부가 소주 두 병 곁들인 식사를 거의 마치고 대화를 나누고 있습니다. 식사하는 내내 목소리들이 조금 격앙되어 다투는 소리가 들립니다. 노부부는 끊임없이 다투고 있고, 딸과 사위는 노부부를 말리느라 경황이 없습니다. 노부부는 서로 이해가 안 된다고 자기 이야기만 합니다. 아주머니는 아저씨가 술 마시는 것이, 취미생활이 없는 것이, 고집스러운 것이, 매사를 자기 마음대로 하는 것이 싫답니다. 아저씨는 자기를 이해해 주지 않는다고 서운해 합니다. 싸움은 계속되었고 그 가족이 일어난 후에야 주변이 조용해졌습니다.

가족은 함께 있을 때, 편안해야 행복합니다. 특별한 일이 없어도 매일매일 얼굴보고 밥 먹고 이야기 나누는 일이 마냥 행복해야 합니다. 매일 나누는 일상이 모여 인생이 되는 것이라면, 매일의 일상이 행복해야 인생 또한 행복할 것입니다. 밥 먹을 때 미워하고, 이야기할 때 미워하고, 마주보면서 미워하면 인생은 아마 미움으로 가득할 것 같습니다.

행복은 특별한 이벤트가 아닙니다. 행복은 일상에서 느끼는 편안함이고, 삶에서 느끼는 소소한 즐거움일 것입니다. 아침에 일어나서 웃는 얼굴로 인사하는 것, 함께 모여서 소소한 이야기 나누며 식사하는 것, 상대방의 이야기에 몸과 귀를 기울여 들어주고 맞장구쳐 주는 것, 작은 일에 감사하다고 말하는 것, 이런 작은 일들이 모이고 쌓여서 행복이 만들어지는 것입니다.

작은 시간들이 모여 인생이 되는 거라면, 작은 시간의 행복이 모여 행복한 인생을 만드는 것입니다. ❀

당신은 가족과 보내는 일상이 어떻습니까? 매일 살아가는 소소함이 행복합니까? '나는 행복하다.' 말할 때 행복이 느껴집니다. 지금 당신의 작은 일상에 행복을 고백하세요. 얼굴 봐서 행복하다. 함께 있어서 행복하다.

308

,

음정박자 지켜가며 노래해도 흥이 안 나고

멋진 글을 또박또박 읽어도 감동이 없으며

쉴 새 없이 부지런히 살아도 재미가 없다면

아마도 당신은 쉼표를 건너뛰었을 것입니다.

오랜만에 쉬는 날, 저녁 시간 아내와 손 잡고 집 근처를 걸었습니다. 10분쯤 걸었는데 그곳에 아웃도어 매장과 함께 캠핑장이 마련되어 있었습니다. 아니 이곳에 언제부터 이런 캠핑장이? 반갑게 캠핑장 안으로 들어가 구경을 합니다. 텐트와 텐트가 들어선 캠핑장에서는 아이들과 함께하는 가족들이 여유를 즐기며 웃고 떠들며 고기를 굽고 있습니다. 분주하게 움직이는 사람들 모습에는 행복한 웃음과 여유와 기쁨이 보입니다.

　　요즘은 외부 강의가 점점 많아져서 주말과 휴일이면 전국을 다니며 강의를 합니다. 방학이면 때를 기다렸다는 듯이 더많은 강의 요청이 쇄도합니다. 7월 19일 방학식이 끝나자마자 그날 오후부터 초청강연이 시작되었습니다. 학기 중에도 주말이면 외부강의가 끊이지 않더니 방학과 더불어 외부강의가 줄을 섭니다. 선유고등학교, 경원중학교, 영훈초등학교 학부모와 학생, 상계중학교, 카이스트, 제주 탐라교육원까지 하루도 빠짐없이 강의가 계속됩니다. 때로는 폭우를 뚫고, 때로는 이른 새벽부터, 때로는 뜨거운 태양 아래 땀을 흘리며, 때로는 끼니를 거르며 전국으로 강의를 다니는 일은 언제부터인가 쉬는 날 저의 일이 되었습니다. 바쁘게 다니며 강의하는 저는 제가 참 좋습니다. 그리고 강의하는 그 시간이 저는 매우 행복합니다.

하지만 가끔은 오늘처럼 특별한 일정이 없어서 아내와 함께 감자도 삶아 먹고, 감자전도 부쳐 먹고, 손잡고 아파트 단지를 걷기도 합니다. 저녁에는 지인과 커피 한잔을 앞에 두고 이야기꽃을 피우거나 팥빙수 한 그릇 비우는 이런 날도 나는 참 행복합니다. 어떤 날은 시간이 여유로워 강의 장소에 아내와 동행하여 강의를 끝내고 그 지역에 소문난 먹거리와 볼거리 찾아 여행을 즐기는 것도 참 행복합니다. 어쩌면 이런 날들 때문에 바쁨 속에서도 저의 행복은 지속되는 것 같습니다.

이런 날이 마치 내게는 긴 문장을 숨차게 읽어가다 만나는 줄바꿈 같고, 노래를 부르다가 잠시 쉬어가는 쉼표 같은 시간입니다. 쉼표 없이 아름다운 노래가 만들어지지 않듯이 쉼 없는 인생은 아름답지 못합니다. 쉼표 없이 이야기를 진행시킬 수 없듯이 쉼 없이는 인생을 이어간다는 것은 많이 힘들 것입니다. 일을 더 행복하게 오래 할 수 있도록 우리는 이런 쉼표 같은 휴식을 더 소중하게 만들어가야 합니다.

사실 쉼표 없는 삶은 그리 아름다워 보이지 않는 것 같습니다. 바쁘게 일하고 열정적으로 일을 해가는 사이사이의 적절한 휴식은 마음에 평안을 주고 더 나은 발전을 위해 꼭 필요한 여유를 주어 행복을 만들어 내는 중요한 시간인 것 같습니다.

물론 늘 쉬는 사람에게 쉼표는 그 의미가 없을 것입니다. 일 없이 쉼이 계속된다면 그 쉼은 오히려 고통이고 안식을 주지 못합니다. 그래서 일과 쉼은 적절한 균형을 이루어야 할 것 같습니다.

우리의 삶이 그런 것처럼 아이들의 삶에도 쉼표가 필요합니다. 그러나 아이들은 쉬지 못합니다. 공부를 해야 한다는 강박관념에 사로잡혀 공부를 하고 있을 때나 공부를 하는 척하고 있을 때조차도 아이들은 공부라는 단어를 떠올리며 긴장 상태를 유지합니다. 아이들을 가끔 쉬게 해주어야 합니다. 가끔은 공부 생각하지 않고 즐거운 시간을 갖도록 배려해 주어야 합니다. 공부하고 노력하는 중간중간의 적절한 휴식은 아이들이 더 나은 발전을 가져올 수 있을 것입니다. ✿

당신은 노래 부를 때 쉼표를 잘 지켜 숨을 쉽니까? 당신은 글을 읽거나 말을 할 때 쉼표를 잘 지킵니까? 당신 인생의 쉼표도 잘 지키고 있습니까? 쉼표가 없이 당신은 아름다운 삶을 만들 수 없습니다. 행복한 삶을 위해 반드시 쉼표를 지키십시오.

TV 예능프로 참 재미납니다.

'재미 주는 예능인들 대거 출연'

재미 따라 시청률은 높아가지만

의미는 잃어갈까 걱정입니다.

요즘 TV에는 다양한 예능 프로그램들이
참 많습니다. 의료상식을 알려 주는 프로그램도, 일반 건강 상식
을 다루는 프로그램도 많고, 법적인 문제와 부부관계, 육아와 일
반 상식에 이르기까지 다양한 분야의 주제에 재미를 더하여 방송
합니다. 그리고 수많은 전문가와 재미를 이끄는 몇몇 연예인이 고
정출연하여 약방의 감초 역할을 합니다. 이젠 아예 그 감초 역할
이 점점 커져 얼치기 전문가보다 더 주된 역할을 하기도 합니다.

요즘 대세는 예능인이 되는 것입니다. 누구나 아이를 키우면 교
육 전문가, 이혼했으면 부부상담 전문가, 살뺐으면 건강 전문가,
사업에 실패했으면 부업 전문가로 변신하고 그들이 예능의 재미
를 더해 이야기하는 것이 사람들에게 인기입니다. 정말 재미있게
사람들을 웃기기도 하고 울리기도 하는데 이런 예능인이 요즘의
대세이기도 합니다. 심지어 요즘은 각 분야의 전문가들마저도 이
런 예능인의 꿈을 펼치려 재미와 자극을 더해 이야기를 지어내기

도 합니다.

　사람들은 재미있는 일을 좋아합니다. 그래서 강의도 재미있는 강의를 찾고, 재미있는 책을 고르고, TV드라마나 영화를 봐도 재미있는 것을 골라보려고 하며 사람을 만나도 재미있는 사람을 만나려고 합니다. 재미있다는 것은 충분히 사람들의 구미를 당기게 합니다. 재미있는 사람들이 나오는 수많은 프로그램들이 사람들의 흥미를 이끕니다.

　재미있는 일에서 흥미를 느끼고 사람들이 모여드는 현상을 잘못이라 할 수는 없습니다. 그렇지만 우리 삶에 재미있는 일이 전부가 될 수는 없으며, 재미있는 것이 곧 좋은 것이라고 할 수도 없습니다. 재미가 있으면 좋겠지만, 재미에 의미가 더해진 일이면 참 좋겠다는 생각입니다. 재미를 이용하여 단지 사람의 눈길만 모으는 의미 없는 일들이 사람들의 영혼과 마음을 사로잡지 않았으면 좋겠습니다. 가끔은 재미는 없지만 의미 있는 일에 사람들의 마음과 눈길이 모였으면 좋겠습니다. ❀

지금 당신은 재미있는 일을 하십니까? 아니면 의미 있는 일을 하고 있습니까? 물론 재미도 있고 의미도 있는 일이면 더욱 멋질 것입니다. 그러나 의미 없이 재미만 찾는 일은 하지 말아야 합니다.

가족이
함께하면

●

고기도 참 맛이 있습니다.

해물도 맛이 참 좋습니다.

야채도 국수도 맛있습니다.

그러나 그 무엇보다

가족 함께해서 더 좋습니다.

차라리 꿈꾸지 마라

방학 한 달이 집에서 쉬는 날도 없이 바쁘게 훅 지나가 버렸습니다. 강의하랴 방송하랴 연수 다녀오랴 바쁘게 다니느라 여름휴가 한번 제대로 못가고 개학이 이틀 앞으로 다가왔습니다. 아이들이 다 크고 나니 휴가는 고사하고 넷이 모여 멋진 외식 한번 하기도 참 어렵습니다.

　　오늘은 마침 점심시간에 가족이 모두 함께 모처럼 식사를 위해 사당동에 있는 바르미라는 샤브샤브 칼국수집에 갔습니다. 쇠고기도 나오고 갑오징어에 주꾸미 조개가 있는 해물, 그리고 신선한 야채들을 얼큰한 육수에 데쳐서 소스를 찍어 먹는 곳입니다. 맛이 제법 괜찮았습니다. 각종 샐러드와 야채 등 1시간 20분 동안 먹고 싶은 대로 가져다 먹을 수 있어서 푸짐함도 있는 곳입니다.

　　맛있는 음식이 풍성하게 차려져 있어 마음 놓고 먹을 수 있으니 참 좋습니다. 가격도 비싸지 않고 각자 좋아하는 음식을 취향대로 골라 먹을 수 있다는 것도 참 좋습니다. 그렇지만 정말 좋은 것은 온가족이 함께했다는 것입니다. 서로가 좋아하는 마음이 있기에 웃고 떠들며 서로 권하며 먹는 점심시간이 꼭 음식 맛 때문이 아니라, 함께하는 가족이 있기에 더욱 좋습니다. 가족이 있어서 참 행복합니다. 가족은 우리에게 돈으로 계산할 수 없는 큰 가치를 주는 사람들입니다.

세상에는 참 여러 가지의 가치가 있습니다. 그 가치를 크게 구분해 보면 사용가치(교환가치)와 효용가치가 있습니다. 대부분의 사람들은 사물이나 심지어 인간에 대해서까지도 교환가치를 평가하며 존재의 귀천을 나눕니다. 그러나 세상의 모든 존재를 교환가치만으로 귀천을 나누어서는 안 됩니다. 특히 가족의 가치를 말하면서 효용가치를 빼고 말할 수는 없습니다. 가족의 가치를 말할 때는 교환가치가 아니라 효용가치를 가지고 이야기하는 것이 옳습니다. 교환가치만으로 따지면 보잘것없는 배우자일 수도 있고, 목적 중심의 시각으로 바라보면 부족한 것만 보이는 자녀일지라도 그들은 함께 가야 할 존재이기 때문에 교환가치만으로 평가해서는 안 된다는 것입니다.

오늘도 저는 가족이 함께하는 것만으로도 귀한 가치가 있다고 믿습니다. 그래서 참 행복합니다. ❁

당신은 지금 누구와 식사를 하고 있습니까? 음식이 맛있으면 즐거울 것
입니다. 그런데 그 맛있는 음식을 좋아하는 사람 또는 가족과 함께한다
면 행복할 것입니다. 가족에게 오늘 저녁 뭘 먹고 싶은지 물어보십시오.
가족은 효용가치입니다.

난 집에
있습니다

〈아빠 어디 가〉에서 아빠와 아이들이 놀러갑니다.

〈1박2일〉 프로그램에서 젊은이들이 놀러갑니다.

〈꽃보다 할배〉에서 노인들이 놀러갑니다.

놀러가는 프로그램 보느라, 난 집에 있습니다.

차라리 꿈꾸지 마라

휴일 집에 있으면서 하루 종일 TV를 봤습니다. 여기저기 채널을 돌려가며 골라보는 재미가 쏠쏠합니다. 요즘 TV프로그램은 예능이 대세인 모양입니다. 예능 중에서도 제 관심을 끄는 프로그램은 여행 프로그램입니다. MBC에서는 〈아빠 어디가〉라는 프로그램이 참 재미있습니다. 젊은 아빠들이 어린 아이들 데리고 캠핑을 떠나서 평소 해주지 못하던 음식도 해주고 아이와 대화를 하며 서로를 이해하는 프로그램입니다. 아이들과 아빠를 연결해 주는 좋은 프로그램인 것 같습니다. TVN에서는 〈꽃보다 할배〉라는 프로그램이 재미있습니다. 노년 연기자로 활약하는 배우 몇 명이 젊은 후배의 인솔로 해외여행을 하는 프로그램입니다. 이것도 제법 구수한 재미가 있습니다. KBS에서는 이미 오래 전부터 〈1박2일〉이라는 프로그램으로 전국의 명소를 다니며 아름다운 대한민국의 요모조모를 소개하고 있어서 온 국민의 사랑을 받고 있습니다.

요즘 주말이면 이런 프로그램의 영향 때문인지 들로 산으로 또는 해외로 여행을 떠나는 사람들이 참 많습니다. 이런 프로그램에서 소개하는 장소는 명소가 되고, 소개되는 식당들이 맛집으로 회자되기도 합니다. 이런 프로그램의 영향으로 아웃도어 시장도 덩달아 춤을 추는 모양입니다. 곳곳에 캠핑장이 등장하고, 캠핑도구들도 날개 돋친 듯이 팔려나간다고 합니다. TV 프로그램의 영향력이 참 대단합니다. 사회의 현상을 바꿔놓기도 합니다. 많은 사람들에게 즐거움을 주기도 하고 생활의 지혜를 주기도 하며, 새로운 정보를 전달해 줌으로 삶의 풍요가 넘치도록 해주는 점이 참 유익한 것 같습니다.

좋은 프로그램을 보면서 좋은 정보를 얻는 것은 참 유익한 일입니다. 그래서 저는 주말 저녁이면 재미있는 프로그램을 즐겨보기도 합니다. 그렇지만 좋은 정보를 얻는다는 핑계로 너무 TV에 빠져서 상상만으로 즐기는 일은 오히려 몸과 정신건강에 안 좋습니다. 너무 좋은 곳과 좋은 것을 소개받다 보니 보는 것만으로도 대리만족이 되는 경우가 있습니다. 그곳에 가보지 않고도 마치 그곳에 간 것 같고, 그것을 경험하지 않고도 그것을 경험한 것 같은 느낌을 가지고 살다 보니 만족함이 생겨서 급기야 몸을 움직이지 않는 습성이 생길 수도 있습니다.

또 한 가지 걱정은 우리의 눈이 너무 높아질까 하는 것입니다. 언젠가는 TV에서 소개하는 그 장소에 가거나 그 음식을 먹거나 그 물건을 사용해 보겠다는 강한 의지가 생겨납니다. 그 마음은 또 우리의 욕심을 크게 만들 수도 있습니다. TV에서 말하는 그곳에 꼭 가야 한다는 생각이 우리를 욕심 속에 잡아둘 수도 있습니다.

이제는 TV에서 벗어나 우리 몸을 움직여야 합니다. TV프로그램이 너무 재미있고 유익해서 보기만 해도 많은 것들을 얻고 즐길 수 있겠지만 우리 몸과 마음을 병들게 할 수도 있습니다. 적당하게 떠나야 합니다. TV 프로그램을 보면서 정보를 얻는 것만으로 만족하지 말고, 툭툭 털고 가깝든 멀든 실제로 떠나는 일이 필요합니다. 꼭 먼 곳이 아니어도, 꼭 유명한 곳이 아니어도 이번 주말에는 집에만 있지 말고, 가족과 함께 나들이를 가는 것은 어떻겠습니까? ❀

당신 생각

당신은 오늘도 집에 누워 있습니까? 일주일 쌓인 피로를 TV를 보며 풀고 계십니까? TV를 보고 몸을 쉬게 하는 것도 좋지만 가끔씩은 몸을 직접 움직여 상쾌한 경험을 직접 하는 것도 좋습니다. 당신이 TV를 끼고 누워 있는 그 시간에, TV에 나오는 그 사람들은 자기 몸을 가꾸며 부지런히 움직이고 있다는 사실을 기억하십시오.

대학 나온 여자

급훈이

'가자가자 대학 가자!' 입니다.

'친구는 대학 가서 만나자!'고 합니다.

'대학 가면 남편이 바뀐다!'고 합니다.

정말인가요?

대학 나온 당신, 지금 행복하신가요?

'10분 더 공부하면 마누라 얼굴이 바뀐다.' '10분 더 공부하면 남친 차종이 바뀐다.' '개같이 공부하고 정승같이 대학가자!' '니 성적에 잠이 오냐!' '열심히 공부해서 신촌에서 만나자!' '2호선 타자!' '대학 가자!'

인문계 여자 고등학교 교실에 걸려 있는 급훈이나 문구들이랍니다. 대학입학을 목적으로 교육이 이루어지고 있는 인문계 고등학교의 현실을 적나라하게 보여 주는 이 많은 급훈과 문구들은 대학이 인생 최고의 성공인 것처럼 말합니다.

쭉 읽어 보신 느낌이 어떻습니까? 저는 이런 글귀들을 보면 많은 생각들이 오갑니다. 고등학교 시절을 어차피 대학을 가기 위해 지나가는 과정이라고 생각한다면, 이 문구들에서 불타오르는 열정을 볼 수도 있겠습니다. 그렇지만 행복한 인간을 길러낸다는 교육의 진정한 의미를 생각하면, 험난한 현실에 안타까운 마음이 가득합니다. 그런데 제 마음이 뭐 중요하겠습니까? 어찌보면 저야 좋아서 택한 직업이니까 뭐라 말할 처지가 아닙니다. 하지만 이 현실 속에 갇혀 있는 아이들의 마음은 어떻겠습니까? 아이들의 마음을 생각해 보면 정말 안타깝습니다. 이런 글귀가 사방에 도배되어 있는 교실에서 하루 종일 지내는 아이들을 생각해 보십시오. 얼마나 갑갑하겠습니까? 누가 강요하지 않아도 이미 마음속에는 대학에 대한 부담이 가득한데, 대학을 못가면 인생도 별 의미가 없을 거라는 문구들을 매일 보면서 살아가는 아이들은 그 시간이 얼마나 고통스러운 순간이겠습니까? 더구나 자신들을 성공시켜 줄 대학에 들어가기까지는 너무 먼 성적의 갭을 갖고 있는 아이라면 그 마음이 어떻겠습니까?

과연 이런 급훈과 글들이 아이들을 행복하게 만들어 줄 수 있을까요? 대학을 가면 모든 문제가 해결이 될까요? 대학을 가면 인생이 바뀔까요? 대학을 가면 경제적으로 여유 있는 삶을 살게 될까요? 대학을 졸업하면 백화점 문앞에 줄줄이 늘어서 '환영합니다. 고객님'을 외치는 점원들의 행렬처럼 행복이 줄을 서서 기다리고 있을까요?

만약 위의 말들이 사실이라면 우리나라 국민들은 모두 경제적으로 잘 살고 행복해야 합니다. 왜냐하면 우리나라 젊은 세대의 대졸자 비율이 세계1위니까요. 대졸자 비율이 세계 1위인 대한민국 국민은 행복지수도 1등이어야 할 것입니다. 그러나 현실은 그렇지 못합니다. 대학 나온 모든 분들 지금 행복하십니까? 지금 경제적으로 풍족한 여유를 누리고 있습니까? 지금 남편과 아내에게 만족합니까?

답답한 교실에서 아이들이 소리 없이 외칩니다. '정말 대학 가면 행복해질 수 있습니까?' 자신들을 가르치는 선생님들에게도 지금 행복하시냐고 질문합니다.

아이들에게 행복을 말해 주어야 합니다. 대학이나 성공을 말해 주는 급훈이 아니라, 행복한 인생을 위한 급훈들이 가득한 교실이 되면 좋겠습니다. ✿

어떤 교육관을 가지고 있습니까? 교육을 통해 아이들이 행복하길 원합니까? 그렇다면 당신은 어떤 말로 아이들을 행복하게 할 수 있겠습니까?

재미있으면
옳은 일

●

말을 잘 듣는 아이에게 게임을 허락합니다.

공부 잘하는 아이의 소원은 모두 들어줍니다.

대학 가는 아이에게 원하는 것을 다줍니다.

요즘 아이들은

재미있는 것을 옳은 일이라고 말합니다.

아파트 단지 어린이 놀이터가 멋집니다. 그 안에서 아이들은 재미있게 놀고, 엄마들은 아이들에게서 눈을 떼지 못합니다. 아이들은 장난감 자동차를 타고 다닙니다. 상표가 BMW, 벤츠, 아우디. 와! 장난이 아닙니다. 등굣길에 학교 앞길이 자가용으로 장사진을 이룹니다. 학교 문 앞까지 자동차로 아이들을 모셔다 주는 부모님들 차량입니다. 차에서 나오는 아이들 외투가 노스페이스, 나이키. 장난이 아닙니다. 대학가 앞, 거리마다 아이들이 넘쳐납니다. 그 아이들 들고 다니는 명품백이 루이비똥, 샤넬. 정말 장난이 아닙니다. 이렇게 자란 아이들은 그렇게 살고 싶어 합니다.

요즘 아이들은 잘 살고 싶어 합니다. 대부분 아이들은 잘 살기 위해 성공하고 싶어 합니다. 잘 사는 일을 위해 돈이 필요하다고 생각합니다. 성공도 결국 돈을 많이 버는 일을 말합니다. 성공한 후의 삶을 그려보라고 하면 모두 돈이 필요한 일 뿐입니다. 그런데 아이들은 그렇게 돈을 많이 버는 일을 위해 노력하는 것에는 크게 관심이 없습니다. 그냥 시간이 지나가면 대학 가게 될 것이고 대학을 나오게 되면 돈을 많이 버는 줄 압니다. 그래서 대학을 가려면 자투리 시간이라도 아껴서 공부를 해야 한다고 말하면 짜증을 냅니다. 돈을 벌고 성공을 하려면 힘든 일을 견뎌 내고 열심히 일을 해야 한다고 말하면 고리타분한 설교라고 성질을 냅니다.

요즘 아이들은 재미있는 일은 하고 싶어 하고, 재미없는 일이나 힘든 일은 하지 않으려고 합니다. 돈을 벌 수 있는 일이라 해도 재미가 없으면 하지 않으려고 합니다. 의미 있는 일이어도 재미가 없으면 하기 싫어합니다. 대의명분 같은 것을 위해 자신을 희생해야 한다거나 재미없는 시간을 견뎌 내는 것을 정말 싫어합니다. 희생하거나 기다리지 않아도 주변에는 쉽게 재미를 얻을 수 있는 것들이 굉장히 많습니다. 컴퓨터와 핸드폰에서도 아이들은 큰 노력 없이 얼마든지 재미있는 것들을 찾아냅니다. 재미를 위해서는 그 어떤 일도 용납이 됩니다. 그래서 아이들은 재미를 위해서 시간과 돈 사용하기를 두려워하지 않습니다.

요즘 아이들은 어려서부터 원하는 것을 쉽게 얻었습니다. 울고 떼쓰고 원하기만 하면 벤츠 자동차도 아우디 자전거도 부모가 사다줍니다. 학원만 잘 다녀주면, 착실히 책만 읽으면, 엄마가 하는 말만 잘 들으면 원하는 게임도 허락됩니다. 부모가 원하는 대학에 만 합격해 주면 정말 많은 것을 부모들이 다 해줍니다. 아이들은 잘하든 못하든 공부만 하면 부모가 요구를 다 들어주게 되어 있다 고 믿고 있습니다. 아이들은 대학가는 일이나 성공하는 일이 자신 의 일이 아니라 부모의 소원이라고 생각합니다. 그 부모들의 소원 을 위해 자신들이 희생하는 거라는 생각을 가지고 있습니다. 그러 니까 희생하는 자신들에게 부모는 응당 돈으로 대가를 치러야 하 고 그 돈으로 자신들이 스트레스를 풀기 위한 재미를 얻는 일이 당연한 거라는 생각입니다. 결국 부모들은 아이들의 재미를 위해 기꺼이 ATM Automatic Teller Machine 현금 자동 입출금기 이 되어 주고, 아이 들은 재미를 찾아 헌팅하는 사냥꾼Funter ; Fun Hunter이 됩니다. 공부 를 위해 너무 많은 것을 포기하고 아이들을 위해 최선을 다한 부 모들의 양육법이 아이들을 재미를 찾는 사냥꾼이 되게 만들었습 니다.

우리의 아이들이 바르고 정의롭고 슬기롭게 자라나게 하기 위 해, 자신의 미래를 위해 스스로 움직일 수 있도록 돕기 위해, 너무 많은 것을 지원해 주는 부모의 모습을 바꾸면 참 좋겠습니다. 가 끔씩은 넘어지고 울더라도 때에 따라 혼자 일어나도록 지켜봐도 좋을 것입니다. 해결되지 않는 문제를 놓고 혼자 씨름하는 아이의 모습을 대견하게 지켜봐도 좋을 것 같습니다. 친구들과 어울려 싸우기도 하고 갈등을 일으켜도 스스로 해결하도록 기다려주면 좋겠습니다. 부모가 볼 때에는 쓸모없는 일을 하더라도 어떤 결과를 가져올 것인지 기대하며 용납하는 일도 필요할 것 같습니다. 힘들더라도 어렵더라도 스스로 노력해서 얻은 일에서 기쁨을 느낄 수 있도록 믿어주는 일도 필요할 것 같습니다.

　이렇게 키우는 것을 방치와는 구분해야 합니다. 그냥 알아서 하라고 두는 것이 아니라 어떻게 하고 있는지 지켜보고 함께 있어주는 것입니다. 마음에 들지 않는다고 설득하고 강요하지 않아야 하지만 알아서 하라고 두는 것도 좋은 방법은 아닙니다. 함께 있어줘야 합니다. 바라봐야 합니다. 놀아줘야 합니다. 부모는 그렇게 든든한 아이들의 뒷배경이 되어야 합니다. ❀

당신은 어떻습니까? 다른 집 자식처럼 원하는 대로 다 해주지 못하는 마음이 안타깝습니까? 그래서 빚을 내서라도 더 많은 것을 해주어야 한다고 생각합니까? 그저 공부만 하고 원하는 대로 학원만 다녀주면 나머지는 다 해주고 싶습니까? 어쩌면 그런 당신의 지나친 보살핌이 당신의 아이를 괴물로 만들어갈지도 모릅니다.

하루 종일 먹었더니 살이 늘고,

하루 종일 읽었더니 앎이 늘고,

하루 종일 일했더니 돈이 느는데.

하루 종일 웃었더니 사람이 모입니다.

차라리 꿈꾸지 마라

한껏 기승을 부리던 여름 더위가 가고 이제 선선하게 부는 바람이 기분 좋은 가을날입니다. 이렇게 맑고 좋은 가을날일수록 수업하기는 쉽지가 않습니다. 날씨가 너무 좋아 수업하기 싫은 교사 마음에 꾸벅꾸벅 조는 아이들까지. 이렇게 좋은 날, 딱딱한 수업내용이 귀에 들어오겠습니까? 오늘 같은 날은 책 한 권 손에 들고 나무 그늘에 들어가 두 다리 쭉펴고 앉아 가을날에 푹 빠지고 싶습니다.

하지만 이렇게 힘든 날도 진도는 어김없이 빼야 하고, 때로는 듣는 아이 별로 없어도 재미없는 수업은 계속될 수밖에 없습니다. 꾸벅꾸벅 조는 아이들 때문에 제 목소리는 높아만 갑니다. 고함소리 같은 제 목소리에 아이들은 짜증만 늘 것 같은데, 그래도 이 와중에 여전히 초롱초롱한 두 눈으로 열심히 수업을 따라오는 아이들이 많습니다.

힘들어도 어려워도 시간은 흐릅니다. 그러나 그 시간에 무엇을 했느냐에 따라 결과가 좋을 수도 있고 나쁠 수도 있음은 인생의 당연한 법칙입니다. 그래서 생각만 하고 있는 사람보다는 그 생각을 행동에 옮기는 사람이 뜻하는 결과를 얻게 되고 실천하는 사람들의 손에 의해 역사는 만들어져 가고 있습니다. 조건이 안 맞는다고 해서. 제반 여건이 갖추어져 있지 않다고 해서, 상황이 여의치 못하다고 해서 멈추어 서 있다면 어떤 것도 이룰 수 없습니다. 때문에 아이들은 이렇게 힘든 조건 속에서도 그들만의 시간을 알차게 채우려고 노력하고 있는 겁니다.

저는 아이들에게 바랍니다. 이왕 자신의 시간을 사용하여 투자하는 거라면 바른 것을 뿌리면 좋겠습니다. 시간 속에 투자한 것들이 결과를 만들어내는 것이기에 선하고 좋은 것들을 뿌렸으면 좋겠습니다. 의미 있는 행동을 많이 하면 그 행동에 따라 의미 있는 결과를 얻을 수 있고, 선한 행동을 많이 하면 선한 결과를 얻는 것이니 악하고 게으른 일로 시간을 채우지 않았으면 좋겠습니다. 악하고 게으른 일로 시간을 채우면 남는 것은 외로움 뿐입니다. 얻을 것이 아무것도 없습니다. ❀

당신도 지금 매 시간을 무엇인가로 채워가고 있습니다. 그리고 그것이
당신의 미래입니다. 지금 당신이 채우는 그 일들이 만들 당신의 미래를
그려보십시오. 만족합니까? 그 일을 계속하십시오. 맘에 들지 않습니까?
행동을 멈추고 자신을 돌아볼 때입니다.

말

사람은
행복을 말하는 순간 행복해지고
사랑을 말하는 순간 사랑에 빠진다.

밉다. 말하면 미운 맘 들게 되고
좋다. 말하면 좋은 것 보게 된다.

실패 떠올리는 말, 실패를 부르고
성공 떠올리는 말, 성공을 부른다.

말은 마음의 알갱이이기 때문에
말에는 마음이 담겨 있기 때문에
그렇게 말해야 한다.

어떻게 말할 것인가?

　많은 사람들은 성공적인 인생을 만들기 위해 살아갑니다. 성공을 생각하는 사람들은 성공을 말로 표현합니다. 그러나 성공은 말한다고 이루어지는 것이 아닙니다. 인생에서의 성공은 그것이 무엇이든 행동이 수반되어야 이룰 수 있습니다. 성공은 상황의 변화이고, 변화를 위해서는 긍정적 행동이 수반되어야 하기 때문입니다. NLP 이론 중 신경논리적단계 모델에서는 학습과 변화의 단계를 6단계로 설명합니다. 그것은 환경 – 행동 – 능력 – 믿음과 가치 – 아이덴티티 – 영적단계입니다. 어떤 환경 속에서 반복된 행동이 능력을 만들어내고 만들어진 능력은 믿음을 갖게 하고 믿음은 자신의 아이덴티티를 만들어내며, 아이덴티티는 헌신을 결심하게 만든다는 것입니다. 저는 그 헌신이 곧 인생의 성공이라고 이야기하고 싶습니다. 성공이란 정해진 목적에 도달하는 것이 아니라 행동을 통해 가치를 실현하는 과정입니다. 따라서 성공은 긍정적 행동이 지속되었을 때 이루어지는 것입니다.

　성공을 위해서는 행동이 전제되어야 합니다. 행동을 이끌어내기 위해서는 감정을 변화시켜야 합니다. 감정이 변화되기 전에는 어떤 행동도 이끌어낼 수 없습니다. 아이의 행동 변화를 이끌어내려고 하기 전에 먼저 아이의 감정을 변화시켜야 하며, 누군가의 행동이 자발적으로 일어나게 하려면 감정이 바뀌도록 이끌어야 합니다. 아이의 행동을 교정하기 위해 잔소리를 하고 강압적인 제재도 해 보지만, 아이의 마음에 변화를 위한 감정이 생겨나기 전에는 절대로 행동의 변화를 기대할 수 없습니다.

감정의 변화는 어떻게 일어납니까? 일반적으로 우리의 자율신경계는 교감신경계와 부교감신경계를 가지고 있는데 교감신경계는 우리 몸이 신체적 반응을 할 수 있도록 영향을 주고, 부교감신경계는 반대로 흥분상태를 완화시키는 역할을 합니다. 보통은 긴장되는 상황에서 공포감을 느끼면 교감신경계가 활성화되어 심박동이 빨라지고 흥분된 신체적 긴장상태를 만든다고 합니다. 하지만 제임스 랑게James-Lange 이론은 그 반대를 이야기합니다. 제임스 랑게 이론에 의하면 정서가 자세를 바꾸는 것이 아니라 자세가 정서를 만들어낸다고 합니다. 즉 외부의 긴장상황에서 자율신경계에 의해 신체적인 반응이 먼저 일어나는데, 그 신체적 반응이 감정이나 정서라는 것입니다. 우리의 몸이 긴장해서 두려운 감정이 생기는 것이고, 웃는 자세가 즐거운 감정을 만든다는 것입니다. 다시 말하면 자세를 바꾸면 감정도 바뀐다는 것입니다. 억지로라도 자세를 긍정적으로 만든다면 감정은 긍정적으로 바뀌고 긍정적인 행동을 할 수 있다는 것입니다.

자세에는 마음의 자세가 있고, 몸의 자세가 있습니다. 마음과 몸은 같은 시스템을 가지고 있기에 마음을 긍정적으로 가질 것인가, 부정적으로 가질 것인가에 따라 몸의 자세가 바뀌는 것을 알 수 있습니다. 자신감을 가진 사람의 자세는 당당할 것이지만 자신 없는 마음을 가진 사람의 자세는 기운이 없고 움츠러들 것입니다. 몸의 자세든 마음의 자세든 부정적이면 부정적인 감정(정서)이 나오게 되고, 그 부정적인 감정(정서)은 부정적인 행동을 만듭니다. 반대로 긍정적이면, 긍정적인 감정(정서)이 나오게 되고 그 긍정적인 감정(정서)은 긍정적인 행동을 만들게 된다는 것입니다.

그런데 이 자세는 말에 의해 변화할 수 있습니다. 어떤 말을 하느냐에 따라 그 사람의 자세가 바뀝니다. '감기가 걸릴 것 같다.'는 표현이나 '아플 것 같다.'는 표현은 결국 움츠러드는 자세를 만들어내고 실제로 감기에 걸릴 가능성이 높습니다. 이런 사실은 간단하게 실험해 볼 수 있습니다. 지금 오른 손에 힘껏 주먹을 쥐고 자신 있게 앞으로 내밀면서 입으로는 "저는 못하겠어요. 무서워 죽겠어요."라고 힘없이 이야기해 보십시오. 쉽게 할 수 없는 동작일 것입니다. 우리의 말은 우리의 자세를 바꿀 수 있고, 자세의 변화는 감정을 바꾸고 그 감정이 행동을 바꿉니다.

토마스 만은 "말은 문화 그 자체이다."라고 했습니다. 말이 세상을 만들어간다는 의미입니다. 사람들이 문화를 만들어갈 때 말은 매우 중요한 수단으로 쓰입니다. 그런데 입으로 하는 말이 다 똑같은 결과를 만들어내는 것은 아닙니다. 어떤 말은 사람들을 기분 좋게 하고 친구를 만들지만 어떤 말은 사람들을 자극하여 적을 만들 수도 있습니다. 성경의 잠언에서는 "죽고 사는 것이 혀의 권세에 달렸나니"잠언 18:21라고 했고 앤소니 라빈스Anthony Robbins는 "말은 감정을 만들어낼 뿐 아니라 행동을 만들어내기도 한다."고 했습니다.

성공하는 삶을 살기 원한다면, 먼저 말을 바꾸는 연습을 해야 합니다. 말은 우리 삶을 성공시킬 수도 있고, 실패로 이끌 수도 있습니다. 말은 자녀의 성공을 도울 수도 있지만, 자녀를 실패하게 만드는 무기가 될 수도 있습니다. ❀

사람들은 다른 사람과 소통하기 위해 말을 사용합니다. 당신은 주로 어떤 말을 사용하여 사람들과 소통하고 있습니까?

대상	자주 사용하는 말
자신에게	
가족에게	
타인에게	

언어습관 바꾸기

말은 말씀이 될 수도 있고, 잔소리가 될 수도 있습니다. 말은 마음의 알갱이라고 합니다. 그래서 말씀은 어쩌면 마음 알갱이들을 사용하는 것입니다. 말을 통해서 마음을 전달하기에 말씀이라고 하는 것입니다. 그렇지만 잔소리는 쓸모없는 소리입니다.

잔소리로는 사람을 가르칠 수 없습니다. 잔소리로는 내 이야기를 전할 수가 없습니다. 전해지지 않는 말로는 올바른 소통을 할 수가 없습니다. 잔소리를 말씀으로 바꾸어야 합니다.

잔소리	말씀
무시/ 설득/ 지적/ 거절 YOU-message	인정/ 공감/ 칭찬/ 수용 I-message

아이들은 기억합니다

•

95점 맞은 아이에게 엄마가 말합니다.

"잘했어, 그런데 하나는 꼭 틀리는구나!"

엄마는 안타까워 그렇게 말하지만

아이의 머릿속에는 틀렸다는 말만 기억됩니다.

차라리 꿈꾸지 마라

아이가 시험을 치르고 돌아오는 날, 부모는 속이 상합니다. 꼭 한두 개는 틀려오는 습관과 같은 아이의 실수가 항상 아쉽습니다. 더구나 옆집 아이보다 못하면 말할 수 없이 속이 상합니다. 그래서 그 속상한 마음을 아이에게 모두 표현합니다. "야. 넌 왜 꼭 한두 개를 틀려 오는 거야. 정신 좀 똑바로 차리고 시험을 봐야지. 이 문제는 어제도 엄마하고 공부했던 거잖아. 도대체 왜 그러니?" 속상한데 이 정도 잔소리는 당연한 엄마의 권리라고 생각합니다. 잔소리를 해줘야 다음 번 시험에서는 이런 터무니없는 실수를 하지 않을 것이라 생각합니다. 정말 부모님의 걱정스러운 잔소리가 아이들의 실수를 줄일 수 있을까요? 다음 시험 때에는 똑같은 일이 일어나지 않을까요?

어린 시절 사람들 앞에서 노래를 했던 기억이 있습니다. 그런데 노래를 꽤나 잘하던 한 친구가 제 노래가 시끄럽다고 시비를 걸며, 노래가 그게 뭐냐고 지적을 했습니다. 그렇지 않아도 앞에 나서서 노래 부르는 일이 마음에 큰 부담이었던 제가 그런 지적을 받았으니 마음이 어땠을까요? 창피스럽기도 하고 마음에 상처도 되고 자신감은 더 떨어져 그 이후 저는 노래 부르는 일이 자신 없어졌습니다. 노래만 하려고 하면, 그 친구 목소리가 들리고, 점점 더 자신이 없어졌습니다. 자신이 없어지니 노래하는 목소리는 기어들어 가고, 점점 노래하기가 어려워졌습니다. 그 노래를 잘하는 친구의 생각 없는 지적은 저를 더 움츠러들게 했습니다.

아이에게 부모의 존재는 매우 크게 느껴집니다. 때문에 부모의 지적은 아이를 움츠러들게 할 수 있습니다. 부모가 아이의 시험지를 보고 틀린 한두 개에 관심을 쏟고 있을 때 정답을 맞힌 나머지 18개는 모두 사라지고 맙니다. 잘한 것에는 관심이 없고, 틀린 것에만 관심을 두면, 부모도 아이도 틀린 것에 대한 기억만 남습니다. 부모의 걱정을 듣고 난 아이의 머릿속에는 오래도록 틀린 것에 대한 기억만 남아 아이를 지배합니다. 그 기억은 다음 번 시험 때에도 아이의 마음에 두려움을 만들어내고 그 두려움은 결국 또 한두 개를 틀리게 만들 수 있습니다.

아이의 성적을 올리고 싶다면, 틀린 문제에 관심을 집중시켜서는 안 됩니다. 잘 맞힌 문제에 관심을 두게 해야 합니다. 그래야 아이들은 맞힌 것에 대해 기억하게 됩니다. 잘 맞힌 것에 대한 기억이 많은 아이는 다음 번 시험에서도 자신감으로 문제를 풀게 되고, 더 좋은 점수를 얻게 됩니다. 이제 부모는 아이의 시험지를 보고 맞은 것에 대한 기억을 강화시켜야 합니다.

"와. 열여덟 개나 맞았네, 잘했구나. 어떤 문제를 틀렸는지 살펴보자. 틀린 이유를 찾았으니까 다음번엔 이것도 맞겠구나. 잘했어." 이렇게 말할 때 아이는 자신감을 갖고 잘한 것을 자신의 장점으로 만듭니다.

좋은 경험에 대한 칭찬은 좋은 기억으로 간직되게 되고 그 좋은 기억은 아이의 자원이 되어 또다른 성공을 이루게 합니다. 아이만 그런 것이 아닙니다. 어른들도 성공했던 기억을 가지고 있으면 성공을 만들어내게 됩니다.우리의 말은 주로 성공한 것을 기억하게 하는 말이 되어야 할 것입니다. ❀

실패를 많이 생각합니까? 성공을 많이 생각합니까? 실패를 많이 기억하면 스스로를 실패자로 생각하게 되고, 그 생각이 지속되면 실패자가 됩니다. 아이가 실패를 기억하게 하겠습니까? 성공을 기억하게 하겠습니까? 우리의 말은 아이의 실패를 기억하게 합니까? 성공을 기억하게 합니까? 생각해 봅시다!

402

아이가 집을 나갑니다

●

앞집 아이 만큼만 공부하라고 말했습니다.

옆집 아이처럼 인사 잘하라고 구박합니다.

뒷집 아이 따라 도서관에 가라고 했습니다.

윗집 아이 다니는 학원에 다니게 했습니다.

밖으로 밀어낸

우리집 아이 다르게 살겠다며 집 나갑니다.

아이들에게 물어봤습니다. "공부하는데 장애물(걸림돌)이 많니? 뭐가 제일 큰 장애물이니?" 라는 나의 질문에 많은 아이들은 "엄마요", "아빠요" 또는 "선생님이요" 라고 말합니다. 물론 TV, 컴퓨터, 게임, 친구 등 예상했던 답들도 많이 나오지만 그 중 제일 많은 장애물로 엄마를 지적합니다. 그러면 저는 황급히 "적어도 엄마는 장애물이 아니야 엄마나 아빠가 없었다면 너는 태어나지도 자라나지도 못했을 테니까."라고 말해 줍니다. 그러면 아이들이 한 발 양보하며 이야기합니다. '엄마 잔소리요' 참 어이없죠? 정말 아이들을 위해서 아이들 잘 되라고 부모들은 공부하라고 이야기하는데 '공부하라'는 말이 아이들에게는 제일 큰 장애물로 여겨집니다. 심지어 이런 이야기를 들으면서 가출 충동을 많이 느낀다고 합니다. 어쩌면 좋을까요?

그래서 아이들에게 또 물어봤습니다. "얘들아 엄마가 공부하라고 하는 말은 너희들 잘되라고 하는 걸까? 아니면 망하라고 하는 걸까?" 이 너무나도 당연한 이야기에 아이들은 잘되라고 하는 것을 다 알고 민망해 합니다. 그러면서도 엄마나 아빠가 공부하라고 하는 말을 들으면 짜증이 나고 집을 나가고 싶어진다고 합니다. 특히 옆집 아이와 비교할 때는 정말 집을 나가고 싶어진답니다.

하지만 우리집 아이가 공부하는 모습을 보면 답답하고, 화가 나는 게 사실입니다. 그러니까 잔소리 조금 섞어서 공부하라고 말하는 것, 여기저기 학원이라도 보내 보려고 하는 것, 도서관이라도 가서 공부하는 모습이라도 좀 보려는 것은 부모의 당연한 의무고 권리 아닙니까? 아이들을 그렇게 해서라도 공부하게 해야 아이들이 커서 이 사회에서 쓸모있는 사람이 되고, 잘 살게 될 것 같습니다. 그러니까 입에서 이런 잔소리들을 안 할 수도 없는 거 잖아요. 어떻게 하죠? 아이들을 보면 잔소리를 안 할 수도 없고 잔소리를 하면 아이가 집을 나가고 싶다니 참 안타까운 일입니다.

아이들은 어쩌면 공부하라는 말보다 옆집 아이랑 비교 당하는 게 더 싫은 것일 수 있습니다. 가장 가까워야 하는 내 편인 부모가 자신보다 옆집 아이를 더 인정하는 것처럼 보이는 것입니다. 그런 시선과 느낌을 견딜 수가 없는 겁니다. 꼭 누구를 들어 비교하지 않아도 아이들은 공부 좀 더 하라는 말 자체에서 비교의식을 느끼게 됩니다. 왜냐하면, 공부는 성적으로 그 결과가 나오고, 성적은 상대평가로 이루어져 있으니까요. 그렇게 비교 당하다보면 자신은 집안에서 쓸모없는 인간으로 느끼게 되고, 비교의식을 느끼게 하는 '공부하라'는 말 자체를 싫어하게 됩니다.

누군가와 비교해서 평가하는 말을 들을 때 아이에게는 커다란 장애물이 생겨납니다. 누군가와 비교당할 때 아이는 자신의 존재감을 상실하게 됩니다. 자신의 존재가 아무런 가치가 없다고 느끼게 됩니다. 그렇게 자존감을 상실한 아이는 공부는커녕 원망만 쌓입니다. 그리고 문제행동을 하게 됩니다. 비교하는 말로 아이의 성적을 향상시키는 일은 불가능합니다. ✿

아이들은 공부하라는 말을 들으면 왜 공부하기가 싫어질까요? 공부하라는 말을 들으면서 아이들은 어떤 기분이 들까요? 그 말을 들으면 아이들은 자신이 못한다는 생각이 들게 됩니다. 못한다고 생각하고, 비교 당한다는 생각이 드니까 점점 하기 싫어져서 안 하게 되는 게 아닐까요? 오늘 아이에게 많이 한 말, 부하 직원에게 많이 한 말, 생각들을 적어보십시오.

1등만
성공입니다

열심히 공부한 아이가 백점을 받았습니다.

아이의 백점이 너무 좋아 백점을 칭찬했습니다.

백점 맞은 아이, 더욱 노력하더니 일등을 했습니다.

아이의 일등이 너무 좋아 여기저기 자랑합니다.

다음 시험에 하나를 틀려

일등을 놓친 아이 집에 가기가 어렵습니다.

아이가 열심히 공부해서 좋은 결과를 얻는 것은 부모에게는 큰 기쁨이고, 영광이기도 합니다. 그래서 초등학교부터 아이가 상을 받고 1등을 하면 부모는 정말 기뻐합니다. 상장을 받고 1등을 한 기특하고 장한 아이를 향해 박수치며 미소 가득한 얼굴로 칭찬을 아끼지 않습니다. 상장이나 1등 성적표를 냉장고에 붙여 놓고 오가며 자랑스러운 아이를 치켜세웁니다. 엄마도 아빠도 너무나 좋아합니다. 그 모습을 보면서 아이는 스스로를 대견하게 여깁니다.

잘한 아이를 부모가 칭찬하는 것은 정당하고 잘한 일입니다. 그러나 그 칭찬이 자칫하면 아이에게 잘못된 인식을 심어줄 수도 있습니다. 1등과 상장에 대한 결과만을 가지고 아이를 칭찬하면, 다시 1등을 하기 위해 아이는 긴장하게 될 것입니다. 다행스럽게도 계속 1등을 하게 되면 좋겠지만, 만약 1등을 못했을 경우에 아이의 마음은 어떨까요? 시험 결과가 부모에게 자랑할 만한 것이 되지 못했을 때, 아이는 부모의 실망하는 모습을 상상하게 될 것이고, 아이는 결과를 꺼내 놓기가 상당히 어려울 것입니다. 그래서 집에 오는 것이 망설여지기도 하고, 어떻게든 부끄러운 결과를 내놓지 않으려고 거짓말을 하기도 할 것입니다. 시험 결과를 속이거나, 시험지를 잃어버렸다고 하거나, 뭔가 회피하려는 행동을 하게 될 것입니다.

아이에게 좋은 결과를 칭찬한 것이 잘못되었다는 것입니까? 그렇습니다. 잘못한 일일 수도 있습니다. 결과만 가지고 칭찬하는 일은 다음 결과에 대한 압박으로 작용할 수 있습니다. 결과보다는 과정을 칭찬해 주는 것이 옳습니다. 1등을 칭찬하기보다는 열심히 했던 과정을 칭찬해야 합니다. 상장을 칭찬하기보다는 상장을 받기까지 수고하고 고생했던 그 아이의 노력을 칭찬해야 합니다. 비록 결과가 좋지 않더라도, 열심히 노력했던 모습을 칭찬해 준다면, 아이는 결과가 조금 나쁘더라도 크게 실망하지 않을 것입니다.
열심히 노력했는데 결과가 좋지 않더라도 열심히 노력한 것에 대해 위로하고 격려하는 것이 옳은 모습입니다. ✿

당신은 아이가 가져온 결과만 가지고 칭찬하거나 실망합니까? 아니면 아이의 노력과 과정에 대해 격려하고 칭찬해 줍니까? 평소 우리의 모습을 보면 확연하게 드러납니다. 당신의 칭찬이 아이에게 자신감을 줄 수도 있고, 죄의식을 줄 수도 있습니다. 자신이 아이에게 어떤 말을 많이 하는지 적어봅시다.

칭찬하는 세상

●

칭찬은 고래도 춤을 추게 합니다.

칭찬은 아이를 백점 맞게 합니다.

칭찬은 우리를 더 잘하게 합니다.

그러나

칭찬에 당신은 죽어갈 수 있습니다.

차라리 꿈꾸지 마라

가을바람을 살짝 느끼면서 거실에 앉아 큰 창을 바라보며 성미옥 대표께 선물 받은 책을 펼쳤습니다. 문학치료사 이봉희 님께서 쓴 이 책은 이 시대 많은 상처를 마음에 안고 살아가는 사람들에게 권해 주고 싶은 책이기도 합니다. 이 책 3부 '살아 있다는 건 멋진 일이다.'의 첫 꼭지 '칭찬은 고래를 병들게 한다.'를 읽으며 이 시대를 한마디로 재단하는 저자의 사색에 깊은 감명을 받았습니다.

'칭찬은 고래를 병들게 한다.' 이 말을 어떻게 생각합니까? 많은 사람들은 칭찬은 아낌없이 하라고 합니다. 칭찬은 인간의 영혼을 따뜻하게 해주는 햇볕과도 같다고 합니다. 만일 누군가를 변화시키길 원한다면, 아주 작은 진전에도 칭찬을 아끼지 말라고 합니다. 마음에서 우러난 구체적이고 진심어린 칭찬을 하라고 합니다. 인간의 잠재력은 비난 속에서 시들고 격려 속에서 피어나는 꽃이니, 사람을 성공시키고 사람의 마음을 사로잡는 방법은 비록 사소한 일이라도 아낌없이 칭찬을 해주는 것이라고 말합니다. 그래서 우리는 아이들의 교육에 칭찬을 많이 사용하라고 배웠습니다.

그런데 이 책에서는 칭찬에 대해 다른 이야기를 합니다. 칭찬은 사람을 고무시키고 좋은 결과를 이끌어내지만 사실은 '칭찬은 자녀를 길들이기 위한 수단'이며 '자녀의 성취를 통해 부모 자신의 자부심을 만족시키는 것에 지나지 않는다.'고 합니다. 칭찬은 오히려 다음의 실패에 대한 두려움을 증폭시켜 마음에 불안을 조성할 수도 있고, 성공을 기대하는 다른 사람의 시선을 의식하게 되고 부담감으로 진정한 자신의 기쁨을 잃게 할 수도 있다고 합니다.

사실 칭찬은 다른 사람을 찬양하기 위해 사용하기보다는 그 사람을 더 잘하게 만들 때 사용하는 것입니다. 그래서 현명한 사람은 다른 사람의 칭찬을 받을 때 더 조심하라는 말을 하기도 합니다. 칭찬에 우쭐해서 도를 넘어서다가는 오히려 비난을 받을 수도 있으니까요. 칭찬하는 사람을 조심하라고도 합니다. 실제로 칭찬을 통해 마음을 얻어 무언가 이익을 보고자 하는 사람도 있기 때문입니다.

벤자민 프랭클린은 "칭찬은 때로는 삶의 활력소가 되기도 하지만, 때로는 추진력을 잃게도 만든다."고 했습니다. 사실 오십이 넘은 이 나이에도 누군가에게 칭찬을 받으면 참 기분이 좋아집니다. 그래서 더 그렇게 보이려고 과장된 노력을 하면서 힘들어할 때도 있습니다. 우리는 아이들이 더 많은 노력을 하게 하려고 칭찬합니다. 사실 칭찬을 받은 아이는 더 큰 칭찬을 기대하며 더 열심히 공부하고 노력할 수 있습니다. 힘들어도 부담스러워도 누군가의 칭찬 때문에 힘들다 말하지 못하고 참아냅니다. 칭찬을 많이 받으며 자란 아이들은 어쩌면 그 칭찬의 크기만큼 부담이 쌓여있을 수도 있습니다. 어느 날 그 부담이 너무 커져서 스스로 감당이 안 되면 아이들이 멈추게 될 수도 있습니다.

칭찬을 할 때, 나타난 결과만을 칭찬해서는 안 됩니다. 먼저 멋진 결과를 이루어낸 그 사람의 이면에 얼마나 많은 고통과 노력이 있었는지에 대한 공감과 이해가 필요합니다. 결과에 대한 칭찬보다는 그 과정에서 겪은 고민과 노력과 아픔을 이해하는 격려와 칭찬이 더 필요합니다. ❀

오늘 자녀에게 어떤 칭찬을 했습니까? 진정 당신의 아이가 행복하길 원한다면 칭찬보다는 많은 격려를 해주십시오. 부모 자신의 기대를 위한 격려가 아니라, 아이의 상황이나 상태에 따라 격려해야 합니다.

마음이 사라집니다

●

기껏 만든 김치찌개를 타박하는 남편,

아내는 요리하고 싶은 마음이 없어집니다.

애써 맞은 성적표에 지청구하는 엄마,

아이는 공부하고 싶은 마음이 사라집니다.

아이가 공부를 안 해서 못하는 걸까요? 공부를 못해서 안 하는 걸까요? 제가 아이들 공부를 걱정하시는 부모님을 만나면 자주 하는 질문입니다. 제가 그렇게 질문을 던지면 거의 대부분의 부모님들은 "공부를 안 하니까 못하는 것"이라고 대답하십니다. 왜냐하면 저를 포함해 많은 부모들은 아이들이 공부를 못하는 것이 공부를 안 하는 아이 탓이라고 굳게 믿고 있기 때문입니다.

그러면 왜 아이들이 공부를 안 할까요? 애초부터 공부를 싫어했다면 유전적 이유, 혹은 태교와 관련이 있을 겁니다. 처음에는 열심히 했는데 점점 공부하기를 싫어한다면 그 원인이 되는 사건이나 이유가 있을 것입니다. 언제부터일까요?

저는 물건 찾는 일을 잘 못합니다. 어린 시절 급한 성격의 아버지 밑에서 자라서 그런 것 같습니다. 일을 할 때 급하게 서두르시는 아버지가 뭘 찾아오라고 재촉하시면 저는 눈앞에 두고도 그 물건을 못 찾았습니다. 그때 아버지는 제게 '쓸모가 없는 놈'이라고 화를 내곤 하셨습니다. 어릴 때부터 지금까지 저는 무엇을 찾는 일에는 자신이 없습니다. 그리고 누군가에게 무엇을 찾아오라고 지시받는 게 참 싫습니다.

많은 사람들은 태생적으로 싫어하는 일이 있다고 말하지만 저의 생각은 다릅니다. 어느 때 누군가에게 못한다고 지적받게 되었기 때문에 그 일을 하기 싫어졌을 것입니다. 누군가를 위해 요리책을 보면서 애써 만든 요리가 맛없다는 소리를 듣게 되면, 다시는 그 요리가 하기 싫어집니다. 또 간신히 만든 요리가 누군가에게 맛있다는 찬사를 받는다면, 아마도 그 사람은 그 요리에 자부심을 갖게 되고 자주 그 요리를 할 것입니다.

아이들이 공부를 못하는 것은 공부를 안 하기 때문이 아니고, 언제부턴가 공부를 못한다는 말을 들으면서 자신이 공부를 못한다고 느끼기 때문에 공부를 안 하는 것입니다. 자신의 아이가 공부를 못하거나 지금 아이의 행동이 못마땅하다면 그 이유는 어쩌면 당신의 말 때문일 수도 있습니다. ❀

당신은 어떤 일을 잘한다고 생각합니까? 언제부터 그것을 잘하기 시작
했습니까? 반대로 당신이 가장 싫은 일은 무엇입니까? 언제부터 왜 싫어
하게 되었습니까?

담아야
합니다

●

크게 목소리 내는 법을 배웠습니다.

멋진 명언을 많이 공부하였습니다.

말 하는 기술들을 제법 익혔습니다.

말에는 마음을 담아야 합니다.

제 주변에는 강의를 하시는 분도, 강의를 하고 싶어 하시는 분들도 꽤 많습니다. 그분들을 만나고 함께 활동을 하면서 그분들의 열정과 상당한 실력을 경험하고 저는 놀라기도 하고 은근히 겁이 나기도 합니다. 정말 탁월하게 강의를 잘하시는 분들도 있습니다. 그런 분들의 강의를 들을 때마다 많은 사람들이 재미있어 하고 감동하는 모습을 봅니다. 그분들은 목소리도 참 좋고 실력도 외모도 뛰어나며, 말을 전달하는 기술도 최상입니다. 저는 그분들을 배우기 위해 노력합니다. 여러 분야의 책을 읽으며 공부하기도 하고, 때로는 그분들의 강의 기법들을 베껴서 사용해 보기도 합니다. 깨끗하게 차려입으려는 노력도 합니다. 그렇게 하면 저도 많은 사람들에게 감동과 재미를 주는 강사가 될지도 모른다는 기대를 갖고서 말입니다.

　　하지만 저는 기술이나 목소리나 내용만으로는 재미와 감동을 주는 강의를 할 수 없음을 깨달았습니다. 아무리 내용이 좋고, 전달하는 기술이 탁월하다고 해도 강의에 진심이 들어있지 않으면 허공에 외치는 소리와 같습니다. 말은 마음을 전달하는 도구이기 때문에 그렇습니다. 강의를 통해 진실한 마음이 사람들에게 전달될 때, 그 말은 사람들을 감동시키고 사람들에게 재미를 줍니다. 말은 마음에 울림을 줄 수 있어야 합니다. 말에는 마음이 담겨 있어야 합니다.

부모가 자녀를 가르치고, 교사가 학생을 가르칠 때도 말을 통해 마음을 전달해야 합니다. 마음을 전달하는 것은 전달하는 사람의 마음과 받는 사람의 마음이 같아야 가능한 일입니다. 전하는 사람의 마음을 받는 사람이 제대로 받지 못한다면 그것은 마음을 잘 전달한 것이 아닙니다. 아무리 좋은 마음을 가지고 전할지라도 상대방의 마음에 진심이 전달되지 않으면 그것은 아무 유익이 없습니다. 의도된 설득이나 이미 결론을 가지고 말하는 유도, 회유, 협박으로는 절대 마음을 전달할 수가 없습니다.

우리가 하는 말이 마음을 담고 있다면 누군가를 변화시킬 수 있습니다. 또 누군가에게는 힘이 되어 그 사람을 살릴 수도 있습니다. ✿

당신 생각

당신의 말은 어떻습니까? 화려한 수식어로 포장된 말입니까? 어떤 의도
를 가지고 상대방을 설득하기 위해 말을 합니까? 큰 소리로 하는 강압적
인 말입니까? 당신의 말을 듣는 사람들의 반응은 어떻습니까?

축복의
말

실패하면 ... 잘못되면 어떡하지?

큰일 날지도 몰라! 말로 예언하지 말고

성공할 거야! 잘 될 거야! 걱정하지 마!

긍정의 말로 격려하고 축복하자.

자녀들이 잘되기를 바라는 부모의 마음
은 지위고하 빈부귀천을 막론하고 누구나 마찬가지일 것입니다.
당신의 자녀가 잘되면 좋겠습니다. 이 땅의 청소년들이 모두 멋진
성공자로 자라나면 좋겠습니다. 우리 모두의 자녀가 멋진 미래를
만들어가고 훌륭하게 성공하면 참 좋겠습니다. 그리고 그들이 그
성공으로 인해 행복하면 참 좋겠습니다. 제 아이들 역시 성공하여
멋진 미래를 만들면 좋겠습니다.

　　그래서 이 땅의 모든 부모들은 자식의 교육과 성장을 위해 형편
보다 과하게 투자를 합니다. 부모들은 자녀교육을 위해 자신의 미
래마저 담보로 잡고 헌신하기도 합니다. 때로는 그 투자가 효과를
못보는 경우도 많고, 성공보다 실패가 더 많지만, 아직도 수많은
부모들은 작은 성공의 사례에 귀를 기울이며 끊임없이 과잉투자
를 합니다.

과잉투자를 하는 많은 부모들은 과잉보상을 기대하게 됩니다. 투자한 결과가 제대로 나오지 않으면 걱정과 근심이 시작되고, 스트레스가 쌓여서 자녀들에게 걱정의 말을 합니다. 실패할지도 몰라. 망할지도 몰라. 그러다가 급기야 '망할 녀석'이라고 말해 버립니다.

그런데 성경에 나오는 부모들을 보면 우리와 사뭇 다릅니다. 성경에 나오는 많은 부모들은 자녀들에게 축복의 말을 합니다. 아브라함도 이삭도 야곱도 자녀들에게 축복의 말을 해줍니다. 큰 민족을 이룰 대단한 사람이라며 자녀들에게 꿈을 줍니다. 그리고 그 자녀들은 역사를 만드는 주인공이 됩니다.

자녀에게 걱정과 근심 섞인 저주의 말보다, 꿈을 담은 축복의 말이 더 좋은 결과를 주는 모양입니다. 화가 나서 또는 미래에 망할 수도 있다는 불안감을 가지고 홧김에 아이에게 쏟아내는 말은 아이를 흉물스럽게 만들 수 있습니다. 아이가 행복하게 성장하길 원한다면 아이를 축복하는 말을 자주해야 합니다. 사랑한다. 멋지다. 잘한다. 네가 있어서 참 좋다. 이런 말들이 아이를 행복으로 이끌어갑니다. ❀

당신 생각

당신은 자녀에게 얼마나 투자하고 있습니까? 혹시 과잉투자 상태는 아닙니까? 과잉투자 때문에 은연중에 자녀에게 저주하는 말을 쏟아내지는 않습니까? 우리가 할 수 있는 축복의 말을 적어보십시오.

잘해서 예뻐, 성공하니 멋져 보이는구나!

기능과 역할을 칭찬하는 말보다

네가 곁에 있어주니 참 편하구나!

존재를 인정하는 격려가 참 좋습니다.

교육하는 사람은 가르치는 일을 하는 사람입니다. 그렇지만 가르치는 일만이 교육의 목적은 아닐 것입니다. 교사는 가르치는 일을 통해 학생들의 변화를 이끌어내는 사람입니다. 그 변화는 학생들을 행복하게 하는 변화이어야 합니다. 학생들을 가르치고 자녀를 키우면서 지식보다 더 중요한 것은, 배운 지식을 통해 아이가 긍정적으로 변화하도록 하는 것이라 생각했습니다. 그래서 교사는 가르치는 일을 하면서 동시에 격려하는 일을 해야 합니다.

격려는 아이가 무엇을 해나가는 과정을 살피고 더 잘할 수 있도록 믿음을 심고 힘을 주는 일입니다. 아이가 해낸 결과만 보고 잘했다고 기뻐해 주는 것이 아닙니다. 아이가 하는 것을 항상 곁에서 지켜보고 협력하여 같이 일하며 함께하는 것이 격려입니다. 아이를 배려하고 아이에게 자신감을 주고 곁에서 지지해주며 믿음을 더하여 주는 것입니다. 언제라도 응원할 사람이 있다는 든든함을 주는 것입니다. 든든하게 자신을 지켜봐 주고 믿어주는 사람이 있다는 것을 알고 있을 때 아이들은 자신을 신뢰하게 됩니다. 누군가가 자신을 믿어준다고 느낄 때 그 행동은 자신감이 넘치고, 그런 아이는 자존감이 높아집니다.

아이의 자존감을 키우기 위해 아이에게는 격려가 필요합니다. 격려는 과정을 인정해 주는 것이고, 과정을 인정한다는 것은 그 아이의 존재를 인정해 준다는 것입니다. 잘했을 때, 결과에 대한 칭찬보다는 아이의 존재 자체와 노력하는 과정을 기쁘게 인정해 주는 것이 큰 격려가 됩니다. 이런 격려를 받은 아이들은 꾸준히 자신의 존재감을 키워갈 것이고, 아이는 스스로를 인정하게 됩니다. ❀

당신 생각

아이의 자존감은 존재를 인정해 주는 말을 들으면서 커갑니다. 당신은
아이에게 어떤 격려의 말을 합니까? 당신의 아이는 지금 자신의 존재를
인정받는 말을 듣고 싶어 합니다.

말해 봐요

당신은 참 멋진 사람입니다.

그대는 정말로 눈이 부셔요.

남을 배려하는 말도 좋지만

그보다 먼저, 자신을 칭찬하세요.

"나는 참 멋지다!"라고….

"나는 내가 정말 좋다." "나는 멋진 꿈이 있다." 제가 자주하는 말입니다. 아침에 일어나서도 아이들과 이야기하다가도 강의를 하는 중에도 "나는 내가 정말 좋다!"를 외치며 박수를 치기도 합니다. 그렇게 하다보면 하루에도 열 번은 넘게 하는 말이기도 합니다. 그런데 이렇게 외치다 보면 정말 제가 좋은 사람이 되는 기분을 경험합니다.

저는 다른 사람을 격려하고 존중하는 말을 많이 하는 교사입니다. 또한 꿈을 가지고 인생을 개척하라고 외치기도 하고, 자신의 가치를 찾아 멋지게 행동하라고 외치는 강사이기도 합니다. 사람들을 만날 때면 그 사람의 장점을 찾아 칭찬을 하고, 일부러 눈을 맞추며 격려의 말을 아끼지 않는 사람입니다.

그러나 다른 사람을 배려하는 말을 하기 위해서는 먼저 자신을 배려하는 말을 할 수 있어야 합니다. 자신을 먼저 배려하지 못하면 다른 사람을 배려하는 마음이 만들어지지 않기 때문입니다. 내 마음이 배려와 긍정적인 말들로 가득 차 있으면 누구든 기쁜 마음으로 배려하고 격려할 수 있게 됩니다. 그래서 나는 종종 반복해서 "나는 내가 정말 좋다!"라고 외치며 박수를 칩니다. "나는 멋진 꿈이 있다!"라고 외치며 자신감을 키웁니다.

아이를 키우는 부모라면 누구나 아이가 자존감을 키우며 멋지게 자라기를 바랄 것입니다. 그래서 많은 좋은 것들을 배울 수 있도록 기회를 주고 투자를 합니다. 하지만 아이의 자존감은 부모의 자존감을 따라갑니다. 부모의 자존감이 높을수록 아이의 자존감도 높아지기 때문입니다. 그래서 아이를 키우는 부모라면 누구나 매일매일 힘껏 외쳐야 합니다. "나는 내가 정말 좋다!"라고. 자신을 사랑하는 부모가 자녀에게 사랑하는 법을 가르칠 수 있습니다.

또 이런 말들을 배우자에게 자주 해주시기 바랍니다. 특히 남편은 아내에게 더욱 많이 해주어야 합니다. 엄마가 자존감이 높을 때 아이를 자존감 높은 사람으로 만들 수 있기 때문입니다. ❀

당신 생각

당신은 어떤 말로 스스로를 격려합니까? 자신 스스로 자신감을 높이는
말을 자주하면서 살면 좋겠습니다. 아이들에게 자신감을 가지고 모든 것
을 하라고 말하기 전에 부모인 당신이 먼저 삶을 당당하게 사는 자신감
을 가졌으면 좋겠습니다. 어떤 말로 주문을 걸면 자신감이 생겨나겠습니
까? 한번 외쳐봅시다!

자녀가 공부하면 부모는 성적을 말하고

자녀가 대학가면 부모는 취업을 말하고

자녀가 취직하면 부모는 독립을 기대하지만

사실 그 아이에게는

버거운 기대보다 따뜻한 격려가 필요합니다.

사람들은 어떤 일을 시작할 때 그 행동에 대한 성과를 기대합니다. 그래서 아이가 공부를 시작하면 부모들 대부분은 좋은 성적이 나올 것을 기대하게 됩니다. 아주 힘들고 어렵게 공부해서 드디어 자녀가 대학에 들어가게 되면, 졸업도 하기 전에 취직에 대해 말하며 은근히 마음을 씁니다. 힘겹게 취직을 하면 빨리 돈 모아서 독립하기를 기대하는 것은 누구나 갖게 되는 부모의 마음인 것 같습니다. 그런 마음 때문에 누가 주지도 않은 실망감이 부모의 마음속에는 깊이 자리 잡게 됩니다.

그런데 행동을 시작해 어떤 성과를 거두기 위해서는 오랜 시간과 노력과 기술과 격려와 협동과 같은 많은 요소들이 필요합니다. 공부라는 행동을 아이가 시작했지만 기대만큼 곧바로 결과를 얻을 수는 없습니다. 대학을 들어가도 마찬가지입니다. 취업을 해도 그렇습니다. 곧바로 자신의 미래를 개척할 수 없습니다. 노력하고 배우고 연습하고 숙달해야 결과가 얻어집니다. 오랜 시간 동안 부모는 아이의 결과를 위해 지원하고 제안하고 동기부여하고 격려하는 감성적인 리더십을 펼쳐야 합니다. 그러나 많은 부모들은 배려와 격려를 하며 기다리기보다는 어서 빨리 결과를 내라고 강요하고 질책하는 일을 더 많이 합니다.

그러나 충분히 노력하는 과정이 없다면 결과는 기대할 수 없습니다. 적절한 선택과 격려와 지도가 없으면 노력할 수 없습니다. 노력이 없으면 점점 더 자신감을 잃게 되고, 시간이 지날수록 현실은 원하는 결과와 반대가 됩니다. 성과를 독려하고 재촉하는 일은 아이의 더 나은 결과를 방해하는 일입니다. 재촉받고 강요받은 아이들은 그것을 거부하기 위해서라도 원하는 일에서 더 멀어지게 됩니다.

여유를 가지고 기다려 주는 것이 좋습니다. 아이가 스스로를 지탱하는 큰나무로 성장할 수 있도록 더 오랜 시간을 믿어주고 기다려 주어야 합니다. 아이는 세월 속에서 다 자라게 될 것이며, 조급해 하는 부모보다 더 나은 모습으로 성장하게 될 것입니다. ❁

당신은 지금 아이에게 무엇을 바라고 있습니까? 지금 생각나는 대로 아주 솔직하게 적고 그 적은 내용을 찬찬히 살펴보십시오. 그리고 그것이 아이에게 적절한 요구인지 반문해 보면 좋겠습니다.

411

●

아이가 큰소리로 운다. 이유가 있다.

아이가 자꾸 넘어진다. 이유가 있다.

아이가 입을 다물었다. 이유가 있다.

아이에게서,

그 이유를 찾기 전에 아이를 변화시킬 수 없다.

이 세상 모든 사람의 생각에는 이유가
존재합니다. 그 행동이 부정적이든 긍정적이든 그 행동을 하는 이
유가 있습니다. 이것을 인정해야 아이를 만날 수 있습니다. 어떤
아이가 있습니다. 규칙을 잘 지키고 모범생이며 인사성도 바르고
정직한 아이입니다. 그런데 그 아이는 누군가의 지시나 지적을 받
는 일을 싫어합니다. 어른들이 자신에게 잔소리하는 일을 매우 싫
어합니다. 어른과 자신의 문제를 상담하기를 좋아하지 않아서 가
능하면 혼자서 문제를 해결하고 싶어 합니다. 왜냐하면 어른들은
자신을 감시하는 사람이라는 생각이 그 아이에게 있기 때문입니
다. 그래서 스스로 알아서 규칙을 지키려고 노력하는 아이입니다.
아이는 자신이 결정한 문제에 어른이 개입하는 것을 싫어합니다.
추측하건데 오랜 시간 부모로부터 규칙을 지킬 것을 종용받았던
때문일 것입니다. 아이가 자신의 고집스런 결정을 바꾸지 않는 이
유는 자신이 잘하고 있다는 사실을 인정받고 싶은 까닭입니다. 아
이의 결정을 인정하고, 지지해 주면 그 아이는 그 지지한 사람을

믿기 시작합니다.

　어떤 아이가 있습니다. 그 아이는 규칙을 잘 지키지 않으며, 그
것을 지적하는 어른에게 매우 적대적입니다. 자신의 잘못을 큰 소
리로 지적하는 사람에 대해서는 반항하며, 자신의 존재감을 보이
려고 합니다. 그렇지만 이 아이는 보이지 않는 곳에서 자신의 책
임을 다할 때도 있습니다. 자신이 당번한 구역을 잘 청소한 일입
니다. 그 부분을 칭찬했습니다. 그때부터 아이는 자신을 칭찬해
준 그 사람을 신뢰하기 시작합니다. 규칙 또한 지키려고 노력합니
다. 그 아이는 아마도 누군가에게 심한 잔소리와 지적만 받았던
아이일 것입니다. 그래서 잘못을 지적하는 잔소리를 하기보다 잘
한 일을 찾아 격려해 주었더니 규칙을 지키기 시작합니다.

　어떤 아이가 있습니다. 다른 사람의 말을 잘 듣지 않는 아이입
니다. 자기가 이야기를 할 때는 다른 사람은 아랑곳하지 않습니
다. 항상 나서기를 좋아하고, 시끄러운 편입니다. 말이 많다고 지
적받는 일이 많습니다. 지적을 받아서라도 다른 사람의 주목을 끄
는 아이입니다. 자신이 버려질지도 모른다는 불안이 있는 아이인
것 같습니다. 아이가 조금 실수를 하더라도 잘한다고 인정해 주면
아이는 마음의 안정을 찾고 스스로의 역할을 할 수 있을 겁니다.

그러면 조금 덜 소란스러울 것입니다.

시끄러운 아이, 자주 우는 아이, 말을 정말 안 듣는 아이, 잘 넘어지는 아이, 소리치며 자기를 봐 달라고 관심을 유도하는 아이. 아이들이 문제를 일으키는 데는 그럴만한 이유가 모두 있습니다. 그 이유를 찾아 아이의 상황에 따라 문제를 해결해야 합니다. 어른의 관점으로 문제를 해결하려 한다면 결코 그 문제가 사라지지 않을 것입니다. 부모나 교사는 아이의 문제를 해결해 주기 위해 그 아이의 행동에서 그 아이의 마음의 말을 들을 수 있어야 합니다. ✽

아이가 시끄럽습니까? 아이에게 어떤 문제가 있습니까? 아이의 행동이
마음에 들지 않습니까? 아이의 그런 행동을 문제 삼아 자주 지적하고 혼
내는 편입니까? 지적하고 혼내는 것으로 문제를 온전히 해결할 수는 없
을 것입니다. 왜 그런지 깊이 생각하면서 근본적인 이유를 찾아봅시다.

굳어
있습니다

●

아이가 말 없다 아빠가 핀잔합니다.

웃으며 이야기 좀 하면 좋겠답니다.

그런데

아이에게 말하는 아빠 얼굴,

웃지 않는 아이만큼 굳어 있습니다.

차라리 꿈꾸지 마라

아버님의 생신을 맞아 오랜만에 동생네 가족과 모여 저녁식사를 하려고 집을 나섰습니다. 아이 둘과 아내를 태우고 운전을 해서 가는 데 차 안 분위기가 심심하고 어색하기만 합니다. 그런데 그때 둘째 녀석이 침묵을 깨고 말을 걸어옵니다. "아빠 오늘 저녁은 뭐야?"라고 첫마디를 꺼냈는데 제가 그만 "밥"이라고 대답하고 말았습니다. 단답형으로 말입니다. 사실 저녁 메뉴가 '가마솥 밥'이었거든요. 그것이 둘째 녀석에게는 꽤나 성의 없는 대답으로 들린 모양입니다. "뭐 그렇게 성의 없는 대답을 혈~" 그러더니 귀에 이어폰을 꽂고는 이동하는 내내 말이 없습니다. 결국은 식사장소로 이동하는 내내 차 안 분위기는 서먹하고 어색하고 그랬습니다.

가끔 다 큰 아이들과 아내와 함께 온가족이 차를 타고 외출할 때면 차 안 분위기가 참 심심할 때가 있습니다. 아이들은 귀에 이어폰을 꽂고 음악을 듣거나, 핸드폰 게임 삼매경에 빠져 목적지에 도달할 때까지 말 한마디하지 않을 때가 있습니다. 운전을 하다가 가끔 백미러로 아이들을 보며 한마디하고 싶을 때가 있습니다. '이 놈들아 무슨 말좀 하며 가자.' 하지만 그 말을 꺼내기 전에 먼저 저를 돌아보아야 할 것 같습니다. 아이들과 대화할 때 제 표정은 어떤지, 제 반응은 어땠는지. 제 표정이, 제 목소리가 훈계하는 것처럼 느껴져 아이들이 대화를 피하는 것은 아닌지를 말입니다.

상대방의 표정은 나의 거울이라고 합니다. 거울에 비친 얼굴은 바로 제가 짓고 있는 표정입니다. 아이들의 표정 또한 제 표정을 닮아 있을 겁니다. 아이들이 말이 없고 아이들이 무표정한 이유는 아마도 제 표정을 닮아 있기 때문일 겁니다. 아주 오랫동안 저도 모르는 사이에 아이들을 대했던 저의 표정이 오늘 아이들의 표정을 만들어낸 것입니다. 아이에게 말좀 하라고 말하기 전에, 어색한 분위기가 아이들 탓이라고 여기기 전에, 아이들이 핸드폰에서 눈을 못 뗀다고 걱정하기 전에 먼저 자신의 얼굴을 바라보아야 합니다. 오늘은 조금 더 상냥한 모습과 자상한 목소리로 아이들과 대화를 나누어야 할 필요가 있다는 생각을 하게 되었습니다.

돌아오는 길의 차 안은 분위기가 좋습니다. 밥을 먹으며 이런 저런 이야기를 하면서 서로의 마음을 알았기 때문입니다. 제법 유머가 있는 아들 녀석들의 농담을 제가 다 받아주고 웃어 주었습니다. 가끔 저도 썰렁한 농담을 하며 맞장구를 쳤습니다. 그랬더니 아이들이 스스럼없이 이런 저런 이야기를 주고받기 시작합니다. 둘째 녀석이 "어. 정말 밥 맛네!" 하며 웃기도 합니다.

가끔씩 아이들을 바라보며 짓는 못마땅한 표정이 아이의 얼굴에 옮겨갑니다. 먼저 자신의 표정부터 밝고 긍정적인 표정으로 바꾸어야 합니다. ✿

당신 생각

지금 당신은 어떤 표정을 짓고 있습니까? 어떤 표정으로 아이에게 말하고 있습니까? 당신의 표정이 아이의 표정을 만듭니다. 아이는 지금 당신 표정을 보면서 뭐라고 이야기하고 싶을까요?

차·라·리·꿈·꾸·지·마·라